唯物論と現代

2023.5　No.67

特集　マルクス経済学の新展開

マルクス『資本論』のジェンダー視角　　石川康宏　2

現代資本主義と資本・賃労働関係　　朝日吉太郎　21

新型コロナ恐慌・気象危機・ウクライナ戦争
—『グローバライゼーションと民族・国家を超える共同体』をめぐって—
西原誠司　40

論　文

「アソシエーション」と市場経済の制御
—書評『「資本」に対抗する民主主義』に応えて—　　芦田文夫　56

現代哲学による実在論と存在論の諸相
—社会と主体に対する実体の離合・抵抗・断層—　　田井　勝　73

初期シェリングの自然法論が描き出す「啓蒙の弁証法」　　中村徳仁　92

研究ノート

牧野広義氏の拙著『市民社会論—その理論と歴史』への批判に応える
吉田傑俊　110

エッセイ

中国新疆ウイグル自治区の人権問題をめぐって　　向井哲夫　124

読書ノート

聽濤弘『〈論争〉地球限界時代とマルクスの「生産力」概念』について
牧野広義　140

編集後記

特集　マルクス経済学の新展開

マルクス『資本論』のジェンダー視角

石川康宏

一　男女・親子関係の歴史的な可変性

まずはジェンダーの概念についてだが、通常、これは男女の生物学的な性差を示すセックスと対比され、歴史的文化的に形成される性差や関係を示すものとされている。セックスが相対的に不変であるのに対して、これが歴史の中で可変だとされることにより、ジェンダー用語は特に女性の社会的地位の向上や男女の社会的権利の平等を願う多くの人々に受け入れられた[1]。男女関係や親子関係に歴史的な可変性を認めるかぎりでは、この用語の登場に先立って、カール・マルクスやフリードリヒ・エンゲルスも同様の見地に立っていた。

機械制大工業が女性や年少者、児童を工場労働に引き込んだことで、古い家父長制家族の解体が進み、その結果として生まれる近代的な親権が資本主義によって「濫用」されるとしても、この経済的基礎の変化は資本主義を超える未来社会での新しい家族と両性関係を可能にする――こう分析した『資本論』の次の文章は、その代表的な箇所である。

①「工場立法が、工場やマニュファクチュアなどにおける労働を規制する限りでは、このことは、さしあたり、資本の搾取権にたいする干渉として現われるにすぎない。それに反して、いわゆる家内労働のあらゆる規制は、ただちに〝父権〟［patria potestas ラテン語で「父親の力」、ローマの家族法での家父長による子孫等への力―石川］にたいする、

すなわち近代的に解釈すれば親権にたいする直接的干渉として現われる」。

②「事実の力は、ついに、大工業が古い家族制度とそれに照応する家族労働との経済的基礎とともに、その古い家族関係そのものを解体するということを、いやおうなく認めさせた」。

③「親権の濫用が資本による未成熟な労働力の直接的あるいは間接的な搾取をつくり出したのではなく、むしろ逆に、資本主義的搾取様式が親権に照応する経済的基礎を廃棄することによって親権の濫用を生みだした」。

④「資本主義制度の内部における古い家族制度の解体が、どれほど恐ろしくかつ厭わしいものにみえようとも、大工業は、家事の領域のかなたにある社会的に組織された生産過程において、女性、年少者、および男女の児童に決定的な役割を割り当てることによって、家族と男女両性関係とのより高度な形態のための新しい経済的基礎をつくり出す」。

⑤「結合された労働人員がきわめてさまざまな年齢層にある男女両性の諸個人から構成されていることは、労働者が生産過程のためにあるのであって、生産過程が労働者のためにあるのではないという自然成長的で野蛮な資本主義的形態においては、退廃と奴隷状態との疫病の源泉であるとはいえ、適切な諸関係のもとでは、逆に、人間的発達の源泉に急変するに違いない」（③513-514）[2]。

少し補足しておけば、①③でマルクスは父親による子どもへの「親権の濫用」を語っているが、他方で「いまや労働者は、妻子を売る」（③418）のように、その力が妻に対して向けられることも指摘している。家父長制は、西欧古代および中世に家父長が家族全成員に対して極めて強い支配権をもった家族の制度だが、この古い家父長制の経済的基礎の廃棄は、それによってただちに諸個人の意識や社会的慣習としての父親の優位を解消するわけではなく、それが資本主義の下にも残存することをマルクスはリアルに見てとっていた。

他方、その後の資本主義発展の実際は、マルクスが想定したように一直線に女性や子どもの労働を広げるものではなく、「男は仕事、女（子ども）は家庭」という近代家族が支配的階級につづいて、労働者階級でも多数を占める現実を生み出した[3]。これは家庭の外から稼ぎを持ち帰る男性労働者に、やはり家族内での権限の優位をもたらすものとなった。欧米でそれが縮小していくのは、第二次世界大戦後の高度成長による女性への雇用機会の拡大と、女も家庭の外に生きがいをと訴えたベティ・フリーダンの『女らしさの神話』（一九六三年）[4]に象徴されるウーマン・リブをきっかけとしてのことだった。

この面で日本の状況が各国に大きく遅れていることは、世界経済フォーラムによるジェンダー・ギャップ指数の順位にも明快に現われているが、資本主義の下で稼得労働が女性や子どもにも広がり、それによって古い家父長制のなごりを完全に排することのできる、より高度な家族、親子と男女関係の準備が進展するとしたマルクスの見通しは、近代家族の形成と終焉という歴史のワンステップを必要としながらも、やはり卓見であった。

二　マルクスの唯物論的社会論とジェンダー概念

ジェンダーの概念については以前、試論として「『自然が与える性の相違を基準に、生活や労働の部面に歴史的社会的に形成される人間関係』などのように表わすことも可能であろう」と書いておいた[5]。ここにいう人間関係には、支配や差別など力の非対称な関係もあれば、対等、平等な関係もふくまれる。またこれはその時代に応じて変化する歴史的で客観的な人間関係でもある。

このように考えるヒントとなったのは、社会の構造や歴史をとらえる導きとして私なりに重視してきたマルクス等の社会理論＝史的唯物論（唯物論的歴史・社会論）だったが、あえてこう書いておくことの必要を感じたのは、ジェンダーとは「肉体的差異に意味を付与する知」[6]だとするような、客観的現実ではなく人間の「知」のあり方に焦点を当てるポスト構造主義あるいは構築主義の理解がそこに深く絡みついていたからである。

マルクスやエンゲルスは史的唯物論を包括的に述べた著作をもたず、その内容は様々な文献にまたがっているが、たとえばその執筆を通じて史的唯物論を確立させた共著『ドイツ・イデオロギー』で、一時期マルクス自身も傾倒した「青年ヘーゲル派」の議論を、今ある社会への解釈（知）の変更に満足するものとして、これに現にある社会を変革する取り組みを対峙しながら、次のようにきびしく批判した。

①「われわれがそれから始める前提は」「現実的な諸個人、彼らの行動、および彼らの物質的な生活諸条件――眼前に見出される生活諸条件、および彼らの行動によって生みだされた生活諸条件――である」（一七ページ）[7]。

②「青年ヘーゲル派は、彼らの現在の意識を人間的、批

判的、または利己的な意識ととりかえ、そしてそれによって彼らの制限を取り除くという道徳的要請を、彼らにたいして首尾一貫して課する」（二一ページ）。ここで「人間的」というのはフォイエルバッハ、「批判的」はバウアー、「利己的」はシュティルナーのそれぞれの主張である。[8]

③「意識を変えるというこの要求は、現存するものを別なふうに解釈するという要求に、すなわち現存するものを別の解釈によって承認するという要求に帰着する」（二一ページ）。

もちろんスコットはそれをめぐる闘いをつうじた「知」の変更によって、自動的にジェンダー・ギャップが是正されるとする楽観的な主張を意図したわけではないのだろうが、それにしても現実は言語によって社会的に構築され、それは従来の認識を塗り替える脱構築によって変更されるとする構築主義の方法については、現実が先にあってそれを言語を用いて認識するのか、反対に、言語の意味内容こそが現実を構成するのかという、認識論の根本をめぐる大きな弱点を指摘しないわけにはいかない。[9]

たとえば性による賃金格差の是正には労資のたたかいや、必要な法を制定する政治の姿勢をめぐる取り組みが求められ、選択的夫婦別姓の実現にも政治の姿勢を転換させる具体的な取り組みが必要となる。それを言語からなる知識としての言説の変更のみに取って代えることはできない。多くの人々の認識の変更は不可欠だが、その上で、労資の力関係や政治の制度あるいは法を変える具体的な取り組みが必要となる。ジェンダーを「知」から独立して存在する客観的な人間関係としてとらえることの必要を述べたのは、その点の確認が重要と考えたためであった。[10]

つづけてマルクスは、精神や自己意識を根本とする観念論的な哲学への批判から、現実的な生活過程の哲学（史的唯物論）の探究へと進む。そして、この生活過程の哲学の最初の成果として、次の「本源的な歴史的諸関係の四つの契機」（三七～三八ページ）を指摘した。

①「歴史の第一の前提は」「生きることができなければならない」こと、それには「飲食、住居、衣服、そしてその他のいくつか」が必要で、「したがって、第一の歴史的行為は、これらの欲求を充足するための諸手段の産出、物質的生活そのものの生産」。

②「第二のものは、充足された最初の欲求……が、新しい諸欲求をもたらすということ」。

③「第三の関係は、自分自身の生命を日々あらたにつくる人間たちが、他の人間たちをつくり繁殖しはじめるとい

うこと――夫と妻との、両親と子どもとの関係、家族」。

④「労働における自己の生命も、生殖における他人の生命も、その生産は……一方では自然的な関係として、他方では社会的な関係として――現われる」（三五～三七ページ）。

いまだ抽象的な指摘にとどまってはいるが、マルクスは、第一に生活手段の生産とそれを通じた物質的生活そのものの生産、第二に生活手段の拡充を求める欲求の生産、第三に人間そのものの生産、そして「家族」、第四に自己と他人の生産を担う社会的関係の形成の四つを、現にある人間とその行動、その物質的な生活諸条件の根本として指摘した。

歴史の段階に応じた、その具体的な形態の研究は後の課題となっていくが、自己の生命の生産と他者の生命の生産を根底におくというこの社会認識の骨格は、「経済学批判・序言」（一八五九年）の「物質的生活の生産様式」が社会的・政治的・精神的「生活過程」を制約するという議論や[11]、エンゲルス晩年の『家族・私有財産・国家の起源』（一八八四年）の次のような理解にまで貫かれていく。

「唯物論の見解によれば、歴史を究極において規定する要因は、直接的生命の生産と再生産とである。だが、この生産と再生産はそれ自体また二重の性質のものである。一方では、生活手段の生産、つまり衣食住の用品の生産とその生産に必要な道具の生産、他方では、人間自体の生産、つまり種の繁殖が、それである。特定の歴史的時期と特定の国との人間がそのもとで生活している社会的諸制度は、両種の生産によって、つまり一方では労働の発展段階によって、他方では家族の発展段階によって、制約される」[12]。

ジェンダーをめぐる様々な議論の活性化の中で、あらためてこのような理解を根本においたマルクス等の社会理論の読み返しが必要であろう。たとえばスコットは英米のマルクス主義フェミニズムを論じながら「マルクス主義のなかでは、ジェンダーという概念は長いあいだ経済構造の変化の副産物として扱われてきており、分析においてジェンダーが独自の地位をもってはいない」と批判したが、こうした指摘の当否を検討するためにも、その読み返しが急がれねばならない。

三　自然な性の多様性の上に

前項で紹介したジェンダー概念の試論は、前段を「自然が与える性の相違」として、これを「自然が与える男女の相違」とはしていない。そこには「自然が与える性」が「男女」の二つに限られるものではないという単純な事実の確認があった。政治や市民運動の世界には、性的自認や性的志向の多様性を反映したLGBTQやSOGIなどの言葉も広まっている。(13)

性科学を専門とする宇野賀津子氏は、「生物学的性」としての「ヒトの性分化」にかかわり「成人の性自認と性役割決定に影響を及ぼす因子」を、①「遺伝子の性」、②「性腺の性」、③「身体的性」(「内性器の性」「外性器の性」「身体的二次性徴」)、④「心の性」にわけて解説し、こうした「医学的な性の成り立ちを理解することにより、性分化異常や性別不合についての理解が深まるだろう」と述べている。(14)「異常」という医学の用語には違和感をもつ向きもあるだろうが、より重要なのは現代日本の「戸籍上の性」がこれら多様な因子から「外性器の性」だけを根拠に決められており、人の性のきわめて部分的な把握にもとづいているという指摘である。

また「ジェンダークリニック」に関わる医師たちの「性同一性障害および性の多様性について(の)基本的なレビュー」によれば、「性を構成するいくつかの要素」には「①性染色体や性器によって分けられる生物学的な性、②自分がどの性別であると思っているかという性自認、③性的関心の対象がどの性別なのかという性的指向、④社会的、世間的にその性別の役割と思われている性役割」があり、「性は、上記四つの(それ以上の)要素やそれらの強弱が複雑に組み合わさって決まるもの」とされる。(15)

さらに近年の性スペクトラム論の研究は、生物のオス・メスに明瞭な境界はなく、両者は連続するもので、性はむしろそのあいだで柔軟に立ち位置を変化させることを明らかにしている。その立ち位置は個体ごとに多様であるだけでなく、「オス化の力、メス化の力、脱オス化の力、脱メス化の力によって」、同一個体の内部にあっても「誕生から思春期、性成熟期を経て老年期へと、生涯にわたって変化し続け」、さらに「女性の場合には月経周期に応じて、また妊娠期間を通じても変化」するという。(16)

「自然が与える性の相違を基準に、生活や労働の部面に歴史的社会的に形成される人間関係」というジェンダー定義の試論にもどっておけば、それが視野におさめる「人間関係」の担い手は狭く「男女」におさまるものではない。したがって、ジェンダー平等をかかげる運動は「あらゆる性」の平等を追求するもので、どのように分類しうる性の担い手であれ、それを理由に人としての権利や尊厳に格差

がつけられることのない社会を目指す――そういうものであることを求められている。(17)

四　女性労働者の劣悪な労働・生活環境

次に、マルクスの『資本論』から「生命の生産と再生産」とりわけ先に『ドイツ・イデオロギー』が「本源的な歴史的諸関係の四つ契機」の一つにあげた「夫と妻との、両親と子どもとの関係、家族」をとらえるいくつかの視角を見ておきたい。

生成から死滅にいたる資本主義の経済的運動法則を探求した『資本論』で、マルクスがもっとも根本的にこれを論じたのは、資本主義の形成が古い家族制度の経済的基礎を廃棄し、将来の社会においてより高度な家族と両性関係の形成を可能にするとした本稿冒頭に紹介した論点である。

少し補足をしておけば、ここで大きな変化を起こす資本主義は、単純協業や本来的なマニュファクチュア時代の資本主義ではなく、独自の資本主義的生産様式である機械制大工業が確立して以後、すなわち産業革命以後の資本主義である。

「機械が筋力を不要にする限り、それは、筋力のない労働者、または身体の発達は未成熟であるが、手足の柔軟性の大きい労働者を使用するための手段となる。だから、女性労働および児童労働は、機械の資本主義的使用の最初の言葉であった！」。

「こうして、労働および労働者のこの強力な代替手段は、たちまち、労働者家族の全成員を性と年齢の区別なしに資本の直接的支配のもとに編入することで、賃労働者の数を増大させるための手段に転化した」（③416）。

このように機械制大工業という資本主義に独自の新しい生産様式こそが、女性や子どもをふくむ「労働者家族の全成員」を労資関係に組み入れ、それに応じて父親による彼らへの支配の絶対性を次第に緩める役割を果たしていった。そこにマルクスは資本主義の次に来る未来の社会における「家族と男女両性関係とのより高度な形態のための新しい経済的基礎」の形成を見てとった。

では、そこにいたる以前の資本主義そのものにおける家族と男女両性の関係を、マルクスはどのようにとらえていただろう。次に、特に女性の社会的地位に焦点を当て、これを見ていくことにする。

イギリス人は、成人男性より「従順で御しやすい女性および児童」（③425）を「チープ・レイバー」（③485）と呼んで工場に大量に雇用するようになった。この変化の下で「以前には、労働者［成人男性―石川］は、彼が形式的に自由な人格として処分できる自分自身の労働力を売った」が「いまや労働者は、妻子を売る。彼は奴隷商人となる」（③418）。ここでマルクスは、古い家族関係の経済的基礎の廃棄にもかかわらず、古代から中世までの長い家父長制の意識や慣習が、この社会から簡単に消えるものでなかったことを事実にもとづいて認めている。

　さらに安上がりなチープ・レイバーとしての雇用にありつけたとしても「資本は、社会によって強制されるのでなければ、労働者の健康と寿命にたいし、なんらの顧慮も払わない」（③285-286）。この傾向は相手が女性や子どもであっても、少しも変わるものではない。そこで『資本論』第一部第八章「労働日」には種々の政府文書から「陶工たちは、男性も女性も……肉体的にも精神的にも退化した住民を代表する」（②260）、「ぼろを着た、餓死にひんした、まったくほったらかしの、教育を受けていない児童たち」（②261）など、彼らがおかれた状況の悲惨を告発する報告や証言が無数に引用されている。

　こうした状況の下で、標準労働日の制定に向かう労働者の運動は、まず子どもと女性の労働時間短縮に焦点を当てていった。

「一八四四年六月六日の追加工場法」「この法律は、新しい部類の労働者、すなわち一八歳以上の女性たちを被保護者の分類に加えている。彼女たちは、その労働時間が一二時間に制限され、夜間労働が禁止されるなど、あらゆる点で年少者と同等にされた」。

「一八四四―四五年の工場報告書には、皮肉をこめて次のように述べられている――『成年女性たちが彼女たちの権利のこの侵害にたいして不平を言ったという事例は一つも聞かない』と。一三歳未満の児童の労働は一日六時間半に、そして一定の諸条件のもとでは一日七時間に短縮された」（②298）[18]。

　見られるように「成年女性」への労働時間の制限は、一八四四年の法律が最初である。これに先立って年少者・児童の領域では、一八歳以下の年少者については一二時間、一三歳未満の児童は九時間、九歳未満は原則使用禁止とするという実質をともなった初めての労働時間の制限が、一八三三年に勝ち取られていた（②295）。

　さらにマルクスの視線は、労働現場だけでなく広く生活の領域にも向けられる。資本が個々の労働者の労働時間を細分する「いわゆるリレー制度」を告発しながら、マルクスは細切れの「休息時間は強制された怠惰の時間に転化し、それが若い男性労働者たちを居酒屋へ、若い女性労働者たちを娼家へかりたてた」(②308)と書いている。さらに資本の蓄積が労働者階級の運命に与える影響を論じた第二三章「資本主義的蓄積の一般的法則」では、女性の性や性道徳に焦点を当て、やはり多くの政府文書から次のような引用を行なっている。

都市の住宅事情の悪さによる「あらゆる慎み深さの否定」「赤裸々な性的露出」「呪いのもとに生まれる子ども」(④688)、「既婚および未婚の成年の男女が狭い寝室に詰め込まれる」「羞恥心と礼儀作法がこのうえなくひどくそこなわれ」(④714)、「近親相姦を犯した女性がひどく苦しみ、しばしば死を選ぶ」「うら若い彼女たちのひどい不品行」(④715)等々。

また農村の最貧困労働者層である「『労働隊』の風紀の乱れ」についてはマルクス自身の言葉で「一三、四歳の少女が同世代の男性によって妊娠させられることがしばしばある」「他の地方よりも二倍多くの婚外子を生みだす」「こんな学校〔労働隊のこと―石川〕で養育された少女たちが、既婚女性になったとき道徳上どんな行状をするか」(④724)等と書いている。

女性労働者をとりまく状況はこれほどに「恐ろしくかつ厭わしい」(③514)ものであった。こうした状況を目の当たりにしながら、その背後に「古い家族制度の解体」と新しい「家族と男女両性関係」の可能性という大局の変化をマルクスは見て取っていった。当時の女性労働者――マルクスは売春婦、寡婦にもたびたびふれている――が置かれたこれらの状況を見れば、当時の資本主義がいまだ資本に対して初歩的な「強制」をしかかけることのできない段階にあった歴史的制約により、また同じことだが資本主義の内部における社会改革の可能性への検討が「工場立法」の枠内でしかできなかったという制約によって、その改善に資本主義そのものの根本的な変革、したがって未来社会の実現が不可欠だとせずにおれなかった事情も見える――今日では資本主義の枠内での達成が目指されているが――ように思う。

他方、ここには批判的に指摘しておかねばならない問題もある。すでに見たように『資本論』には女性の「不品行」に対するいくつもの指摘があるが、それに反して、多くの場合それら女性と同じくその相手となったであろう男性の「不品行」への批判はない。また先に引用した強制された怠惰の時間に男は居酒屋へ、女は娼家へ、つまり男は消費を、女は稼得をという対照について、さらには近親相姦に苦しみ自殺するのが男性ではなく女性であるという点についても積極的な検討がない。そこには一九世紀イギリスに生きたマルクスのジェンダー平等にかかわる意識の制約が現われていると言っていいだろう[19]。

五　マルクスは「男性家族賃金思想」の持ち主か

『資本論』中の他の論点については、マルクスは家族全員を養うのに必要な賃金を成人男性労働者が受けとるべきだとする男性家族賃金思想の持ち主だった、またマルクスはセックス・ブラインドあるいはジェンダー・ブラインドで、家族の分析を放棄しているとする一部のフェミニストによる『資本論』への批判を検討するに止めたい。

まず賃金論についてである。マルクスは「賃金」の本質をなす「労働力の価値」の分析にあたり、まず、その内容を、①「労働力の所有者の維持に必要な生活諸手段の価値」、②「一般的人間的な本性を変化させて、それが特定の労働部門における技能と熟練とに到達し、発達した独特な労働力になるようにするための……大なり小なりの額の商品等価物」――いわゆる修業費――とともに、③労働者の「補充人員すなわち労働者の子どもたちの生活諸手段を含む」(② 185-186)とした。

ここに述べられた「労働力の所有者」を成人男性労働者とし、この文章が意味するのはその成人男性が「子ども」すなわち家族を維持するのに必要な賃金を受け取るべきだとするマルクスの男性家族賃金思想だとするのが、一部フェミニストによる『資本論』への理解である。

しかし、そのような読み方には『資本論』における賃金論がより抽象的な規定から具体的な規定へと論を追って次第に深められていることに注意を払わない、叙述の方法への無理解がある。

すでに見たようにマルクスは機械制大工業の導入が、成人男性だけでなく女性や子どもを労資関係に引き込み、したがって彼らを自らの労働力と引き換えに賃金を手にする賃金労働者に転化させることを、古い家族制度を解体する歴史的な経済的要因としてとらえていた。

そこでマルクスは論理のその段階に応じて「労働力の価値」の分析を、次のように進展させる。

「機械は、労働者家族の全成員を労働市場に投げ込むことによって、夫の労働力の価値を彼の家族全員に分割する」(③ 417)。

歴史の事実の問題として「夫の労働力の価値」は「彼の家族全員に分割」され、それによって家族全員を養う費用も分割される。マルクスはそれをこそ古い家族制度の経済的基礎を廃棄するものと評価したのだった。あわせて述べておけば、マルクスはこの変化が、成人男性労働者への搾取――資本による不払労働・剰余労働の取得――を当該労働者家族全体への搾取に広げ深めることになると、ここで剰余価値の理論、搾取論をも具体化している。

「そのため機械は、彼の労働力の価値を減少させる。たとえば四つの労働力に分割された家族を買い入れることは、以前に家族長（Familienhaupts）の労働力を買い入れた場合よりもおそらく多くの費用がかかるであろうが、しかしその代わり、四労働日が一労働日にとって代わるのであって、それら労働力の価格は、四労働日の剰余労働が、一労働日の剰余労働を超過する分に比例して下がる。一家族が生活するためには、いまや四人が、資本のために、労働を提供するだけでなく剰余労働をも提供しなければならない。こうして機械は、はじめから、人間的搾取材料すなわち資本のもっとも独自な搾取分野を拡大すると同時に搾取度をも拡大するのである」（③417）。

家族全員の雇用にはより多くの資本が必要だが、「家族長」以外の三人をより安く買い入れられるなら、資本は賃金当たりの不払労働の取得率を高めることができるというのである。これは今日でも男女の相違や正規と非正規の相違を理由にした賃金格差など、労働者内部により安い労働者、より安い労働力の部類を生みだすことの経済的意味を分析したものとして重要である。これらの文章に目が届けば、マルクスを男性家族賃金思想の持ち主だとする批判の的外れは誰にも明らかだろう。

なお、付け加えておけば、マルクスによる「労働力の価値」の分析は、それについて本来こうあるべきだ――成人男性が得るべきだ――といった労働力価値についての何らかの規範を示そうとしたものではない。それは現に売買されている労働力商品の「価値」の内実を、唯物論の立場から、あるがままに分析しようとしたものである[20]。

関連して、叙述の進展にともなう「労働力の価値」論の豊富化を「修業費」についても紹介しておけば次のようになる。

①マニュファクチュアは熟練労働者と別に、労働力の修業費を必要としない「不熟練労働者の一階層」を生みだし、また熟練労働者の機能を単純化することによって、社会的平均的な労働力の価値を低下させる（③371）。

②長い修業期間が余計な場合にも、それが「労働者の嫉妬心によって維持」され、イギリスで「七年間の修業期間」を定めた徒弟法は「マニュファクチュア時代の終わりまで完全に有効であって、大工業によってはじめて廃棄された」（③389）。

③労働力の「育成費」〔修業費のこと—石川〕は「生産様式とともに変化する」（③542）。

これもまた現代における労働力の価値を分析する上で、重要な論点である。かつて社会の変化に逆行した熟練「労働者の嫉妬心」と同じものが、今日、性による賃金格差の解消を目指す運動を前に、女性労働者に対する男性「労働者の嫉妬心」として少なくとも一部に現われているのではないだろうか。

六　自己維持本能と生殖本能を発露させる経済的条件

もう一つは、マルクスはセックス・ブラインドあるいはジェンダー・ブラインドだとする批判についてである。労働者階級の維持と再生産を資本は「労働者の自己維持本能と生殖本能にゆだねることができる」と書いたマルクスは、同時に「労働力再生産のための条件を、市場の〈外部〉へブラックボックスとして放逐し、それによって資本家同様、家族の分析を『安んじて』放棄した」といった批判である。[21]

そのように批判されたマルクスの文章の実際は次のようである。

「個々の資本家と個々の労働者ではなく、資本家階級と労働者階級を考察し」「資本主義的生産過程をその流れとその社会的な広がりにおいて考察するならば」「(資本家)は、自分が労働者から受け取るものから利益を得るだけでなく、自分が労働者に与えるものからも利益を得る。労働力と引き換えに譲渡される資本は生活手段に転化され、この生活手段の消費は、現存する労働者の筋肉、神経、骨、脳髄を再生産して、新しい労働者を生み出すために役立つ」。

「だから、絶対に必要なものの範囲内に限れば、労働者階級の個人的消費は、資本によって労働力と引き換えに譲渡された生活手段の、資本によって新たに搾取されうる労働力への再転化である。それは、資本にとってもっとも不可欠な生産手段である労働者そのものの生産および再生産である。したがって、労働者の個人的消費は、それが作業場や工場などの内部で行なわれようと外部で行なわれようと、労働過程の内部で行なわれようと、資本の生産および再生産の一契機であって、それはちょうど機械の掃除が労働過程中に行なわれようとその一定の休止中に行なわれようと、資本の生産および再生産の一契機であるのとまったく同じである。労働者はその個人的消費を自分自身のために行なうのであって、資本家のために喜んで行なうのではないということは、事態になんのかかわりもない。たとえば、役畜の食べるものは役畜自身が享受するからといって、役畜の消費が生産過程の必要な一契機であることには変わりはない」。

「労働者階級の不断の維持と再生産は、資本の再生産のための恒常的条件である。資本家はこの条件の実現を、安心して労働者の自己維持本能と生殖本能にゆだねることができる。彼が心を配るのは、ただ、労働者たちの個人的消費をできる限り必要なものに制限することだけ（である）」。

「したがって社会的観点から見れば、労働者階級は直接的な労働過程の外部でも、死んだ労働用具と同じように資本の付属物である。彼らの個人的消費でさえも、ある限界内では、ただ資本の再生産過程の一契機でしかない」（④597-599）。

見られるようにマルクスは「労働者階級の不断の維持と再生産」を、資本家は「労働者の自己維持本能と生殖本能」にゆだねるとした。しかし、それは同時にマルクスによるその点の分析の放棄を意味したものではなく、逆に分析の到達点を確認させるものとなっている。

というのは、それに先立つ叙述によって「資本にとってもっとも不可欠な生産手段である労働者そのものの生産および再生産」を実現する二つの本能の発露には、それを可能とする個人的消費の最低限の保障が必要で、その必要を満たすのは資本家が労働者に「労働力と引き換えに譲渡する資本（可変資本）だということがすでに明らかにされているからである。

これらの経済的条件が満たされなければ、資本家は安心してこれを労働者の本能にゆだねることはできなかった。先の批判は、この脈絡を読み損なったものと言うしかない。反対に右の文章は「資本の再生産のための恒常的条件」である「労働者階級の不断の維持と再生産」が「資本主義的生産過程」のどのような運動によって可能となっているかを正面から明らかにしようとしたものであった[22]。この解明の重要性は、最近三〇年ほどの労働者の貧困化が「非婚」と少子化――生殖本能が必ずしも労働者階級の再生産につながらない――を広める大きな要因の一つとなっている現代日本の現実からも確認することができる。
くわえて、産業革命以後の資本主義が、古い家父長制的家族の解体と家族と両性関係のより高度な形態の経済的基礎を形成するという点や、他方、そこにはまだ成人男性が資本に「妻子を売る」など家族成員に対する「家族長」の支配が継続するなどの指摘は、二つの本能を満たす場となる家族内部の男女や親子の力関係を論じるものとなっている。

以上の解明は雇用や賃金の男女平等や男女共通での労働時間の短縮、さらには子育てや介護の福祉の充実など、ジェンダー平等に向かう現代日本の運動を――運動の必然性や課題設定の妥当性の解明という点で――土台から支えるものともなっている。マルクスが家族の分析を放棄したという批判は、そうした『資本論』の今日的な意義を、読み落とすものとなってしまう。

資本主義の発展にともなう労働者家族の変化について、これまでにふれられなかった論点のいくつかを次に補足しておきたい。

①「労働者家族の全成員」が「資本の直接的支配」に編入されたことで「資本家のための強制労働が」「慣習的な範囲内での家族自身のための自由な家庭内労働」に取って代わった（③416）。

②「いかに資本が［料理など―石川］消費のために必要な家族労働をも自分の自己増殖のために奪い取ったか」（③416）。

③「子どもの世話や授乳」のためには「代わりの人を雇わなければならない」「裁縫やつぎあてなどのような家庭の消費に必要な諸労働は、既成商品の購入によって補われなければならない」「したがって家事労働の支出の減少には、貨幣支出の増大が対応する」（③417）。

④「農村労働者のうちで栄養不足」なのは「主として女性と児童」「『成年男性は仕事をするために食べなければならない』から」である（④655）。

七　ケア労働の経済的意味について

最後に、ケア労働をとらえる『資本論』の視角について簡単に述べておく。ケア労働については明確な定義がないようだが、ここではとりあえず保育、教育、医療、介護など、人の発達や生活を支えるための労働としておきたい。

第一に、マルクスは人間の労働そのものについて次のように述べている。

「労働は、まず第一に、人間と自然とのあいだの一過程、すなわち人間が自然とその物質代謝を彼自身の行為によって媒介し、規制し、管理する一過程である」（②192）。

注意すべきは、この物質代謝に人間による有用物の獲得や生産だけでなく、その生産物の流通、消費、そして自然への返還（廃棄）までもが含まれており、そこにはそれぞれに対応した人間労働があるということである。

その一例となるのが前節の末尾に追記した消費のための労働である。マルクスは「家族自身のための自由な家庭内労働」のうちに、料理など「消費のために必要な家族労働」、「裁縫やつぎあてなどのような家庭の消費に必要な諸労働」が含まれるとする。ケア労働はまず、このような生産物の適切な消費のために必要な労働と位置づけられる。

子どもを育て、家族の健康を守り、障害をもつ者あるいは高齢者のくらしを支えるなどの労働は、食材、教材、薬といった生産物の適切な消費とともに、労働者自身が給仕、教育、医療、介護など彼らに直接はたらきかけることによって行なわれている。

同時にマルクスは、女性が労資関係に組み入れられることでの「家事労働の支出の減少」に「貨幣支出の増大が対応する」とも書いている。それは資本主義の下でのケア労働が、家族によるいわゆる「無償労働」としてだけでなく、商品として購入される「有償労働」としてもありうることを指摘したものになっている。[23]

ケア労働の専門性がマルクスの時代よりはるかに高度に発達した現代では、保育、教育、医療、介護など多くの労働が「貨幣支出」による購入の対象となり、また部分的には、税や保険によって賄われる公務労働にもゆだねられるようになっている。

第二に、食事の世話や教育などを通じた子育ては、人間の労働能力そのものを養うものであり、また現役労働者の生活を支える労働は、彼らが日々支出する労働力を再生する役割を果たすものともなっている。マルクスは、労働力について次のように述べている。

「われわれが労働力または労働能力と言うのは、人間の肉体、生きた人格のうちに存在していて、彼がなんらかの種類の使用価値を生産するそのたびごとに運動させる肉体的および精神的諸能力の総体のことである」（②181）。

労働力は「人間の肉体、生きた人格のうちに存在し」その発揮の際に「運動させる肉体的および精神的諸能力の総体」だとされる。そうであれば、そのような能力を肉体や人格のうちに保有する人間そのものの発達を支える育児や教育や医療や、さらに現役労働者に対する教育や医療、また休養をふくめて生活環境を整えるケア労働は、彼らの労働力を形成し、維持し、発達させる労働としての役割をもつものとなる[24]。

人間は労働によって他の動物と区別されるが、その労働は、労働対象、労働手段とともに労働力を何よりの構成要素とする。したがってケア労働は人間社会の存立に不可欠な、きわめて重要な労働と位置づけられる。

なお、労働力をすでに衰えさせた高齢者や、その多くを失った傷病者、平均的な労働力の形成にいたらない障害者等への医療や介護の提供は、労働力の形成や維持という直接的な経済的要請を超えて、あらゆる人が人としての尊厳を等しく尊重されねばならないとする人権思想の広まり、とりわけ主にマルクス以後の社会で発達した社会権の思想や社会保障の制度によっている。それらの思想を具体的に担う労働ということもケア労働の重要な意義を成している[25]。

注

(1) ただし、この基礎的な規定の内部に立ち入ると議論はかなり錯綜しており、手元のマギー・ハム『フェミニズム理論辞典』(一九九九年、明石書店)、ソニア・アンダマール、テレー・ロヴェル、キャロル・ウォルコウィッツ『現代フェミニズム思想辞典』(二〇〇〇年、明石書店)の「ジェンダー」項を見ても、取り上げられている代表的な諸論者をふくめ、双方に共通性を見出すことは容易でない。

(2) K・マルクス『資本論』からの引用は新日本出版社『新版・資本論』によっており、文末の③はその第三分冊を、513-514は原典ページを示している。訳語は一部変更している場合がある。

(3) 近代家族の歴史については、落合恵美子『近代家族の曲がり角』(角川叢書、二〇〇〇年)、『二一世紀家族へ[第四版]』(二〇一九年、有斐閣)を参照のこと。

(4) 邦題『新しい女性の創造』(三浦富美子訳、大和書店、一九六五年)ほか。

(5) 石川康宏「長時間労働・女性差別とマルクスのジェンダー分析」(日本共産党『前衛』二〇〇七年三月号)、八六ページ。

(6) ジョーン・W・スコット『ジェンダーと歴史学』(荻野美穂訳、平凡社、一九九二年)一六ページ。

(7) K・マルクス/F・エンゲルス『[新訳]ドイツ・イデオロギー』(服部文男監訳、新日本出版社、一九九六年)。

(8) 牧野広義『マルクスの哲学思想』(文理閣、二〇一八年)七七ページによる。

(9) この点については、伊藤敬「構築主義と現実―反映論の視角から―」（鰺坂真編著『ジェンダーと史的唯物論』学習の友社、二〇〇五年）を参照のこと。
（10）石川康宏「新自由主義からの脱却とジェンダー平等への道」（労働運動総合研究所『労働総研クォータリー』二〇二一年春季号、№一一九、二〇二一年五月）には、関連して次のように書いておいた。「『自然が与える性の相違を基準に、生活や労働の部面に歴史的社会的に形成される人間関係』の後段部分」について「少し言葉を足しておけば、たとえば労働（経済）の部面における男女の関係（現代社会では大きな格差をはらむ関係）が、家庭や地域などの生活部面での男女関係を大きく規定し、それが試論には明示されなかったが政治や法の部面（議員の男女比、夫婦の別姓を許さぬ法の規定など）、さらにはこの社会で男女のそれぞれがどうふるまうべきかをめぐる社会的意識（男らしさ・女らしさの規範も）の内容を強く方向づけている。こうした史的唯物論の組み立てにもとづく現実理解は、人々の性差を根拠として形成される人間関係の解明にあたっても、大きな有効性をもつように思う」。
（11）K・マルクス『「経済学批判」への序言・序説』（宮川彰訳、新日本出版社、二〇〇一年）一四ページ。
（12）F・エンゲルス『家族・私有財産・国家の起源』（土屋保男訳、新日本出版社、一九九九年）一二ページ。
（13）ＬＧＢＴＱは性的指向や性自認を基準にマイノリティの性を分類した用語で、Lesbian（女性同性愛者）、Gay（男性同性愛者）、Bisexual（両性愛者）、Transgender（性自認が出生時に割り当てられた性別と異なる人）、Queer や Questioning の頭文字をとってつくられた用語であり、性的マイノリティの総称としても使われている。Ｑの「クイア」は「不思議な」とか「奇妙な」といった意味で、もとは同性愛者を侮辱する言葉だったが、その後、当事者自身がマジョリティ以外の性を包括する用語として積極的に使うようになった。「クエスチョニング」は、自分の性のあり方がわからない人、特定の枠に属さない人を指している。ＳＯＧＩは、Sexual Orientation（性的指向）と Gender Identity（性自認）の頭文字をとった用語である。
（14）宇野賀津子「性差：生物学的・歴史的・社会的視点から考える」、日本科学者会議『日本の科学者』二〇二〇年六月号、六〜七ページ。
（15）永野健太・飯田仁志・大串祐馬・鎗光志保・武藤由也・矢野里佳・川嵜弘詔「性の多様性、性同一性障害について」、『九州神経精神医学』第六四巻第三・四号、二〇一八年一二月、一一二〜一一三ページ。
（16）諸橋憲一郎『オスとは何で、メスとは何か？』（ＮＨＫ出版、二〇二二年）一八四〜一八五ページ。
（17）エンゲルスは前掲『家族・私有財産・国家の起源』で「個人的異性愛」を一夫一婦婚の「最大の道徳的進歩」

（九五ページ）、「性的衝動の最高形態」（九六ページ）などと評価する一方で、マルクスへの手紙（一八六九年六月二二日）では、副題に「ローマ教皇党、自由思想家の陣営の男色家たち」を含むカール・ウルリクスの著作『アルゴナウディクス』を取り上げて「これは、実際、極度に反自然的な暴露だ」「われわれはもう身体に年をとっているので、これらの党が勝利しても、勝利者たちに身体の貢ぎ物を捧げなければならないことを恐れる必要はないだろう」（『マルクス・エンゲルス全集』㉜二五六〜二五七ページ）と書いている。後日エンゲルスへの手紙（一八六九年一二月一七日）でこの本にふれたマルクスも、エンゲルスほどに見下す調子を示してはいないが「あの男色家の本」と書いた。性的指向や性自認の多様性を積極的に認める文言はこの両者には見当たらないようである。なおトリストラム・ハント『エンゲルス』（筑摩書房、四〇五ページ）によると、イギリスの社会主義者エドワード・カーペンター（一八四四年生まれ）は、エンゲルスと対照的に「社会主義の解放の広範なプロセスの一環として、同性愛を文化的および合法的に受け入れることを主張」していたという。

(18) ただし、出来高賃金が「すすんで長時間の労働をする」ことを誘発する点にかかわって、マルクスは「織布工やかせ糸工として使用されている女性にとくにあてはまる」と指摘する政府文書を紹介してもいる（③578）。

(19) ただし長年ともにくらした家政婦のヘレーネ・デームートとのあいだに子どもをもうけ、その子どもを自らの子と認知せず遠ざけた「フレディ問題」をめぐるマルクスの態度は、当時のイギリスの社会常識に照らしても批判を免れるものではなかった。「フレディ問題」そのものについては大村泉他『わが父カール・マルクス—マルクス伝の歴史を変えたフレディ書簡』（極東書店、二〇一一年）が詳しい。内田樹・池田香代子氏と石川の共著『マルクスの心を聴く旅』（かもがわ出版、二〇一六年）三四〜三七ページでも、マルクスを「神格化」する傾向を批判しながらこの問題についてふれておいた。

(20) この点については「マルクス主義とフェミニズム」（石川康宏『現代を探求する経済学』新日本出版社、二〇〇四年）や「『資本論』の中のジェンダー分析」（鰺坂真編著『ジェンダーと史的唯物論』学習の友社、二〇〇五年）などで検討した。関連してそこではマルクスの解明を肯定する立場から述べられた賃金論にも、労働力価値の家族への分割論にいたらない論理展開の不足や、現に支払われている賃金が「労働力の価値」より低いとする労働価値説の否定に直結した『資本論』理解の誤りが少なからず見られるなどの点にもふれておいた。

(21) 上野千鶴子『家父長制と資本制』岩波書店、一九九〇年、二〇ページ。

(22) これらの論点については、前掲・石川「長時間労働・

女性差別とマルクスのジェンダー分析」で検討した。

(23) 女性が行なうものであれ男性が行なうものであれ、家族によるケア労働には誰からも直接の支払いがない。ただし、そのことはケアに必要な家族の労働力を賄う費用が不要であることを意味するわけではない。その費用は資本家が労働者に支払う労働力の価値に含まれている。この点についても、前掲・石川「長時間労働・女性差別とマルクスのジェンダー分析」で検討した。

(24) なお、このような労働力の形成にかかわる労働の費用が、当該労働力の価値にどう反映するかについて、より早い時期のものだがマルクスは次のように書いている。「全『商品』世界は、二つの大きな部類に分けることができる。第一は、労働能力――第二は、労働能力そのものとは区別される諸商品である」「労働能力を形成し、維持し、変化させるなどの、要するに、それに特殊性を与えたりまたはそれを維持するだけのような、サーヴィスの購入、したがって、たとえば『産業的に必要』であるかまたは有用であるかするかぎりでの教師のサーヴィスや、健康を維持し、したがってすべての価値の源泉である労働能力そのものを保存するかぎりでの医師のサーヴィスなどは、それに代わって『人が買うことのできる一商品』すなわち労働能力そのものを生みだすサーヴィスであり、こういうサーヴィスは、この労働能力の生産費または再生産費のなかにはいって行く」「医師や教師の労働は、それの代価が支払われる財源を直接につくりだすものでないことは明らかである。とはいっても、彼らの労働は、総じてあらゆる価値をつくりだす財源の生産費のなかに、すなわち労働能力の生産費のなかに、はいって行く」(マルクス「一八六一―六三草稿」『資本論草稿集』大月書店、第五巻一九三[原典453]ページ)。

(25) 小論の内容を要約した「『資本論』から読み解くジェンダー平等」(新日本出版社『経済』二〇二三年五月号)には、一部のフェミニスト等の用語法を念頭して「確立した資本主義段階での男性優位の制度や思想を同じく家父長制と表現すれば、歴史用語としての家父長制は曖昧になる。ここにはより適切な用語が必要である」(六四ページ)と書いておいた。これに関連して前掲・牧野『マルクスの哲学思想』(二三九ページ)は、機械制大工業成立後の労働者家族における父親の権限をマルクスが"Familienhaupts"と表記していることに注目し、これを古い家父長(Patriarch)やヘーゲルによる近代ブルジョア家族の長(Haupt der Familie)と区別して「家族長」と訳している。小論もこの訳に従った。

(いしかわ やすひろ・神戸女学院大学名誉教授・経済学)

特集　マルクス経済学の新展開

現代資本主義と資本・賃労働関係

朝日吉太郎

はじめに

今日、世界の労働運動は停滞または後退している。現状を打開するために私たちが検討すべき理論的課題とは何か。この問いに答えることが、本論文の目的である。(1)

日本とドイツは第二次世界大戦後、瓦礫の中から復興し、発達した資本主義国として世界経済を牽引してきた。両国は、労働争議件数や争議日数から、「世界で最も安定した労資関係」と評価されてきた。そのような共通性にもかかわらず、賃金や労働時間、労働者の権利を比較すれば、両国には大きな違いが存在している。例えば、ドイツの金属産業の週労働時間は三五時間未満であり、二〇一八年の労働協約では、生涯において二年間に限って週二八時間労働が認められた。これに対し日本では、年間一ヵ月に限り月一〇〇時間、一週間にすれば二〇～二五時間の残業が認められている。厚生労働省は月八〇時間の残業を過労死ラインとしているが、それを超える労働時間が容認されている。では、なぜ両国にこのような格差が生まれるのか。両国の同一性と差異を捉えることが、現代資本主義における資本・賃労働関係を安定化させる要因解明の手段となると思われる。

だが、その研究を進めるためにはいくつかの理論的課題があった。

特に重大な問題は、資本・賃労働関係の理解についての方法論的な弱点の克服であった。それは、資本・賃労働関係とは、両者の相互前提関係と相互排除関係の統一であるという認識の欠如である。

「マルクス主義陣営」[2]では、資本・賃労働関係を相互排除関係として捉える主張は多いが、両者が相互前提関係でもあるという認識が弱かった。相互前提性を主張することは、反階級的で日和見主義だという思いが根強く存在してきた。そのため、種々の相互前提性を強める要因の理論的解明は十分ではなく、労働運動の現状をリアルに反映していなかった。まず、この方法的弱点を克服する必要があった。

一　資本・賃労働関係の一般理論

（一）資本・賃労働関係をとらえる方法

資本・賃労働関係を分析する方法として以下の二点の理解が大切である。

①資本・賃労働関係とは相互前提関係と相互排除関係の相対立する二つの本質の統一である

資本・賃労働関係とは相互前提関係と相互排除関係の相対立する二つの本質の統一である（図1）。

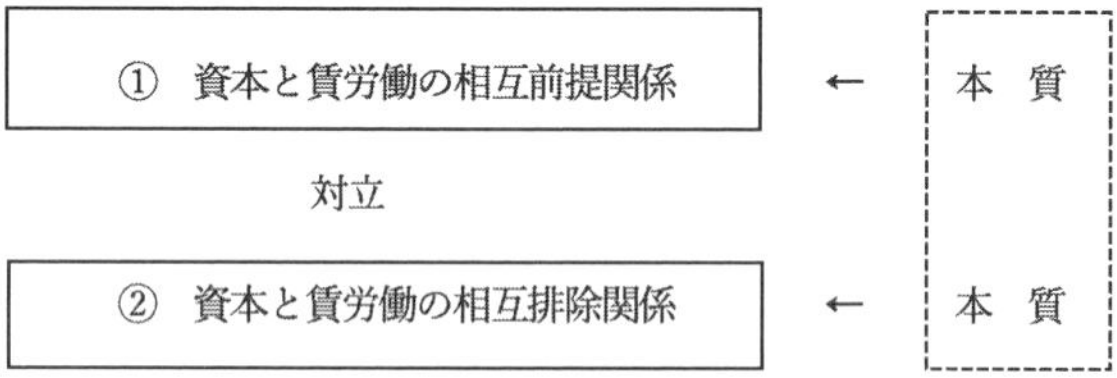

図１　資本・賃労働関係（マルクスの理解）

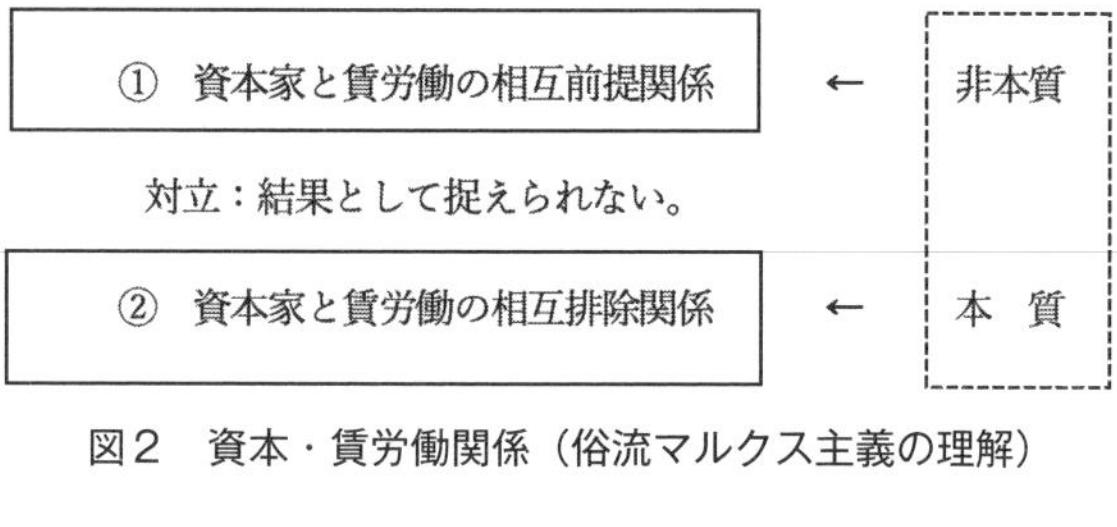

図２　資本・賃労働関係（俗流マルクス主義の理解）

まず理解すべきことは、そもそも対立する二つの本質がなければ矛盾は生じないことである。なるほど、資本・賃労働関係は相互排除関係であるという主張（図2）は、関係の一つの側面を表していて、それ自体は誤りではない。しかし、相互に前提しつつ相互に排除するからこそ、この関係は矛盾律を侵し、現実の矛盾として新たな社会関係へ移行するエネルギーを持つわけである。相互に排除し合う本質を捉えるだけでは矛盾律は侵されず、相互排除関係が永遠に続くことを宣言していることになる。

②現代の資本・賃労働関係を捉える課題は、その二つの本質の相互作用が独占資本主義の下でどのように発展し、資本・賃労働関係の力関係の均衡を生み出しているかを分析することである

二つの本質は、資本主義の発達によって変化する。相互前提性を強める変化と弱める変化、相互排除性を強める変化と弱める変化、二つの本質どうしの相互作用とその変化を通じて、資本家と賃労働者の関係は、ある時点の力関係の均衡を解消し、新たな均衡を生み出す。したがって現実の資本・賃労働関係は、この二つの本質の相互作用が作り出す時々の力の均衡が現象したものである。

これは、資本主義の発達が革命的情勢を作り出すという単線的で牧歌的な歴史観の誤りを示すものである。資本の蓄積にとって、均衡は同時に限界である。資本はこの限界を制限に変えて突破するための新たな攻勢を要求される。既存の均衡は次の均衡への移行を余儀なくされ、均衡と不均衡、協調と反発が繰り返されることになる。資本主義の社会的外被がこの変化に耐えられなくなり二つの本質的関係が揚棄されるまで、この過程が繰り返され発展する。

（二）資本一般レベルでの相互前提性の考察

（1）資本の生産過程と資本・賃労働関係

『資本論』の課題は、資本・賃労働関係の相互排除性を解明することにあると思われがちである。しかし、マルクスは資本と賃労働の関係を相互排除性と相互前提性の二つの本質から考察している。

ここでは、資本一般レベルでの相互前提性を強化する要素をみるために、マルクスが示した資本の一般的定式 G……G'に、労働力商品の流通について加えた定式（A労働力商品−L賃金−W生活必需品）を加え、それを三つの過程として分けて考察しよう（図3）。

①資本主義的生産過程の入り口

過程①は、資本の生産過程の入り口であり、資本家が貨幣を持って、他の資本家から生産手段を、労働者から労働力を購入する過程である。この時、労働市場では、資本家と賃労働者はそれぞれ貨幣と労働力という商品の所持者と

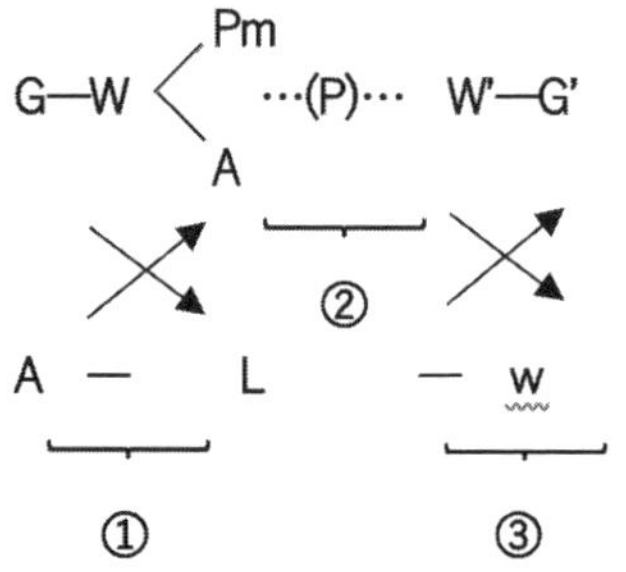

図３　資本の一般的定式

して、対等で平等な、自己の利益を最大限追い求める主体として対峙する。その対峙には、生産手段を持たず生活手段を得るためには労働力を逼迫販売してでも売らなければならない労働者の立場が隠されており、資本・賃労働の力関係が不平等になる潜在的可能性、したがって、潜在的相互排除性を含んでいる。

同時に、資本主義的生産を行うために資本家と賃労働者が相手の存在を必要とするかぎりで、この関係は資本と賃労働の相互前提関係でもある。そのため、両者は労働力商品の取引パートナーとしての安定的な関係の継続維持を求める。また、この時、賃金は支払手段として、雇用期間の終了時に支払われる。これは、賃労働者が賃金を持ち逃げすることを阻止するだけでなく、資本との安定的社会関係を破壊するような行為を自己規制する行動規範を形成し、賃金を受け取るまでの労働者の行動を規制する「現在または将来の労働に対する指図書 Anweisung」になる(3)。

②労働過程＝価値増殖過程

過程②において、資本家は、自らの指揮の下で生産手段と労働力を結合し、それらを消費し商品を生産する。この過程は、新たな使用価値を生み出すという素材的な意味では労働過程であり、新たに賃金以上の価値を生み出すという意味では価値増殖過程である。

『資本論』では、この過程で、精神的労働と肉体的労働への労働の分裂、資本家の指揮権の集中と賃労働者の対象剥離（目的の喪失）による労働疎外、機械の権威への労働者の従属、剰余価値の生産による資本主義的搾取などが分析され、資本・賃労働関係は、支配＝従属関係であり、搾取関係であることが解明され、両者の相互排除性が露わになる(4)。

しかし、この過程を超歴史的な意味で協業一般が持たざるをえない組織関係としての側面からみれば、生産力を高めるためには、指揮する労働と指揮される労働の間の合理的・効率的な組織関係を形成することが必要とされることがわかる。つまり、モチベーションを高めてより多くの成果を生み出そうとするなら、目的の共有、合理的な役割分担等、指揮・連絡のシステムのあり方を調整することが課題となり、賃労働者の意思を無視した企業運営は深刻な問題を抱える。この点は、アメリカ経営学が、テーラー主義のような機械的な課業・ノルマ管理から、人間関係やモチベーションを重視する手法に転換していく原因である。つまり、支配＝従属関係、搾取関係といった資本・賃労働関係の相互排除性が強烈な場面であっても、相互前提性を配慮する必要があるわけである。その相互前提性の強化が城内平和を生み出し剰余価値を拡大するかぎりであったとしても。

③資本の生産過程の出口

過程③は、資本の生産過程の出口である。ここで資本家は商品を販売し、前貸し資本Gと増殖した剰余価値ΔGを貨幣Gとして回収する。その結果、資本家は以前よりも豊かな貨幣所持者として自己を再生産する。賃労働者は、賃金を生活必需品として購入し消費することで再び「二重の意味で自由」な労働者として自己を再生産する。こうして、資本の生産過程は、資本が剰余価値をどう生産するかを示すだけでなく、資本主義的社会関係がいかにして再生産されるかを示している。

この最終段階で、賃労働者は支払手段としての賃金をようやく受け取ることになる。事後払いは、労働力商品の代価である賃金が労働の代価として支払われるという幻想を生み、資本主義的搾取を覆い隠す。賃労働者は「労働の対価」を得て、それもあらゆる商品と交換可能な一般的な富である貨幣を入手できるので、資本・賃労働関係に多かれ少なかれ恩恵を感じることになる。

また、雇用の継続のために、安定的雇用関係を継続することが労働者にとっての要求にもなる。こうして、資本・賃労働関係における良好なパートナーシップを再生産するために、パートナー関係の破局を回避しようとする行動規範が生まれる。

（2）労働市場の企業別分断化作用―イノベーションの労働市場にもたらす影響が労資の相互前提性を高める―

資本は特別剰余価値をめぐる生存競争のために絶えざるイノベーションを強制されている。イノベーションは資本の労働需要を変化させ、その結果、労働力需要を変化させる。

労働力への需要は、既就業の労働者が追加訓練で新たな技術に対応できるか否かという技術的側面と、①解雇費用、②リクルート費用、③訓練費用等の新規雇用に伴う追加的費用が利潤を拡大するか否かという価値的側面に基づく方針に基づいて変化する。

イノベーションが従来の技能を不要とすると、雇用を不安定化させられる賃労働者は、降格や賃下げを容認することと引き換えに雇用の継続を求め、賃金の価値以下化や処遇の悪化を受け入れるようになり、資本の専制の下に置かれることになる。低技能労働者は、いつでも吸引と排出が可能な縁辺労働者層を形成する。

イノベーションが新たな技能を求める場合で、追加訓練でも対応出来ないような大きな技術革新の場合には、既就業の労働者は役立たず、新たな労働者を確保する必要が生まれる。その場合は旧熟練の解雇費用、新たなリクルート費用、新規訓練費用が必要となる。また、新技術に対応する技能を持った労働者をめぐる市場競争は賃金価格を押し上げ、利潤を抑制する。

技術変化が小さい場合は追加訓練が必要ないので、労働力の調達コストは既就業労働者の賃金と企業外の労働者の賃金に左右される。この場合、調達コストが最も低くなるが、大きな技術開発ではなく、生産力の上昇も限られ、他の資本との競争に敗れて淘汰される可能性は大きく、この技術を採用するか否かは問題となる。

以上より、社会平均的な生産力上昇と労務コストとを配慮して、中位度の技術変化に対応出来る資質を持った労働者が、資本の労働力調達政策の対象となる。他の資本との競争を考慮すると、技能労働者を中長期に企業内に取り込むことが必要となる。その結果、企業別のプレミアム賃金その他の恩恵を受ける特権的労働者層（中核的労働者層）が生み出される。

中核的労働者層は、転職で生じる移動の摩擦を回避することや不況期での解雇の回避を目指して、当該資本への定着をめざす。ここに中核的労働者の定着を求める資本と企業への安定的定着を求める中核的労働者の利益が一致し、この階層の労働者の労働市場の内部化、労働市場の企業別分断が生じる可能性が生まれる。

以上が、資本一般のレベルでみた資本・賃労働関係における相互前提性の強化要因である。

二　独占資本主義における資本・賃労働関係

独占資本主義の下で資本・賃労働の相互前提性と相互排除性はどのように発達しているだろうか。

労働貴族論、労働市場論、階級対立の制度化論の三点を検討した。

（一）独占資本主義と労働貴族論

（1）レーニンの労働貴族論

まず、レーニンの労働貴族論を検討した。

ロシア革命の指導者レーニンは、二〇世紀初めの世界の労働運動が体制内化し、帝国主義と一体化して労働者の国際的団結に背を向け、社会排外主義へと転落していく姿を目の当たりにした。

レーニンの現状打開の方法は、資本主義の発達と社会主義革命の可能性の増大とがパラレルであると牧歌的に考えていた「マルクス主義陣営」の歴史観を批判し、現実をリアルに見たことである。当時の「マルクス主義陣営」とはまったく別の姿勢が、彼を目の前の資本主義の分析に向かわせ、新たな質を持った資本主義が新しい労資関係を生み出していることを解明させた。

二〇世紀の変わり目を前後して、世界の発達した資本主義諸国では集中と集積によって巨大化した資本が生まれ、それまでの自由競争に基づく資本主義に代わって独占に基づく競争を新たな法則とする新しい資本主義、独占資本主義が生まれていた。独占資本は、中小資本を支配・収奪することで独占利潤を得、また、商品輸出・資本輸出・植民地経営を通じて帝国主義的超過利潤を得ることができた。これが独占資本に、階級闘争を抑制する原資を与えた。

資本主義の発達は、労働者階級を増加させ、労働運動を活性化させた。資本家階級は、定着し戦闘力を増していた労働運動を暴力的に取り締まることは困難になってきたことを理解し、この状況に対応するため、経済外的な強制ではなく、独占利潤の一部を労働者の上層（労働貴族）、労働運動の指導部（労働官僚）にばらまくことで、労働運動の体制内化をめざすようになった。独占資本主義の下での新たな資本・賃労働関係の相互前提性はこうして作り上げられた。レーニンは労働貴族を「ブルジョアジーの主要な社会的支柱[5]」だとまで評価した。

（2）レーニンの労働貴族論への諸批判について

第二次世界大戦とその後の社会主義勢力のソ連・東欧圏への拡大と労働運動の活性化による状況変化にともなって、レーニンの労働貴族論はもう「古くさくなった」と、「マルクス主義陣営」から様々に批判されてきた。その主要な批判は、以下の主張である。

①帝国主義的超過利潤の枯渇説：第二次大戦後、植民地体制が後退し、帝国主義的超過利潤はなくなったので、

その分配にあずかる労働貴族はいなくなったとして、独占利潤の一部の分配という経済的根拠をみず、帝国主義的超過利潤のみが労働貴族の資源と考える主張

②実感的否定説：管理的労働者と一般的労働者の所得に大きな差が存在せず、超過利潤の分配を受けていないとみる主張

③労働貴族の技術的枯渇説：熟練労働者の技能が解体されている監督労働の質が変化しているので従来の労働貴族はいなくなったという主張

④統一戦線配慮説：労働貴族論は、労働戦線の統一への配慮に欠けるという主張

⑤労働者統合宿命論否定説：「ビジネス・ユニオニズムが生まれるのは必然だ」という考えは、資本主義を無矛盾な調和的な社会として描き出す謬論だとして批判する主張

ここでは詳細は割愛するが、独占利潤が労働者や労働組織の特権層の資源の根拠であることへの無理解、「貴族」という名称のイメージから絶対的に豊かな生活状態にある階層のみが労働貴族であるという思い込み、労働貴族という階層を技術的にのみ規定する狭さ、政治的な配慮をすることと実在する階層の分析とは別である点、労働者の統合の事実をみつめてリアルに分析しようとしない姿勢など、それらの主張は、問題を持っている(6)。

特権的労働者階層への優遇、労働運動の協調的リーダー達が彼らの特権的地位や収入をどのように賄っているのか、その原資を解明する課題はレーニンの時代だけではなく、今日も依然として存在している。

(二) 独占資本主義と労働市場の分断
―W・ゼンゲンバーガーの労働市場分断論批判―

それでは、独占資本主義の下で特権的労働者層は如何にして形成されるのであろうか。

ゼンゲンバーガーは、技能を持った労働力を確保したい資本家の要求と、職場移動の摩擦を避けたい技能労働者の職場保全の要求が、資本・賃労働関係の相互前提性を強め、技能労働者の労働市場を企業別に分断化することを主張する。これに加えて、景気変動によって労働市場状況が変化することを主張する理論が、彼の労働市場分断化の周期仮説である(7)。ゼンゲンバーガーは、景気変動にともなって外部労働市場と企業内労働市場との間の分断線が、気孔が開いたり閉じたりするように変化する運動を、現代にも当て

はまる労働市場の一般理論と捉えている。

しかし、資本一般のレベルでの労働市場の一般的構造と運動作用は、独占資本主義段階では変化している。独占資本の下では、技術労働者への需要の変容、企業内労務政策の発展等、労働市場の企業別分断化をより固定的に形成する傾向が存在している。ところが、ゼンゲンバーガーは独占資本主義を捉えず、中核的労働者に対する優遇の固定化の背景をみない。そのため資本主義が続く限り労働市場の形成は、抽象的な景気変動によって繰り返されるものとして描かれる。その点で、ゼンゲンバーガーの労働市場論は彼が批判する労働市場はフラットだと考える自由主義論者とは大きく違わないのであって、独占資本主義の発達と共に固定化していく企業別労働市場の分断化傾向を解き明かすものとしては不十分である。

(三)「階級対立の制度化論」の再検討
—T・ガイガーの上部構造論—

(1) ガイガーの「階級対立の制度化」論の評価と批判

独占資本主義の下での労働運動の体制内化を、独占的超過利潤の分配による労働運動の撹乱として指摘したのがレーニンであったが、ガイガーは、経済的土台の利害関係ではなく、上部構造における労資の組織的な社会的関係の形成が新たな協調関係を生み出すことを指摘した。ガイガーの「階級対立の制度化」論の概要は以下になる。

資本主義が発達すると、労働者と資本家の抗争はもはや個人が担うのではなく、それぞれの力は「独占化（ガイガーは集中するという意味で使っている）」されて、団体間の争いに転化していく。そうすると破壊的な紛争を回避すべく、資本家階級は労働運動の存在を容認するようになる。そこで生まれる使用者団体と労働者利益代表組織との間の新たな団体間の交渉は、双方が双方の組織の代表者として机に向かい合い、交渉のルールに則って協議を行うものになり、両者の関係は秩序のある平和的なものになる。だがそれだけではない。労働者の利益代表組織は、この交渉に際して、交渉のパートナーとして振る舞うことが要求される。労働者代表として、協議の期間中に労働者が勝手に紛争を行う山猫ストなどを自制するし、協議のテーブルに登る議題も自制されるようになる。これをガイガーは「階級対立の制度化[8]」と名付けた。つまり制度化とはルールの形成を通じて、ルールが成立している資本主義的な交渉の枠組の中に労働運動が捉えられ、協調主義化するということを意味する（図4）。

資本・賃労働関係における社会的上部構造である労資の団体関係の形成とその作用についてのガイガーの研究は見るべき価値がある。しかし、ガイガーは、現代資本主義を後期資本主義と捉えており、この関係が、独占利潤の分配を前提にした労資の社会関係が生み出す協調関係であることを捉えない。そのため、独占資本主義下の労働者階層の構造化や労働者利益代表組織内のヘゲモニー階層の協調的性格、資本家団体の労働運動懐柔戦略といった分析を欠く点で、レーニンの認識よりも表面的なものになっている。

（2）独占資本主義と資本・賃労働関係

以上、独占利潤・労働市場・上部構造の三つの要因の検討の結果、独占資本主義における資本・賃労働関係は以下のようになっていると考えるべきである。

第一に、独占資本主義は、独占的超過利潤によって、労働運動の資本主義への統合の原資を生み出し、その一部を労働者上層部にばらまき飼い慣らしている。

第二に、独占資本主義の下で企業別に分断化される技能労働者層からなる中核的労働者層が、労働者の特権的な上層を形成している。

第三に、労資関係の制度化に労働者利益代表組織の全員

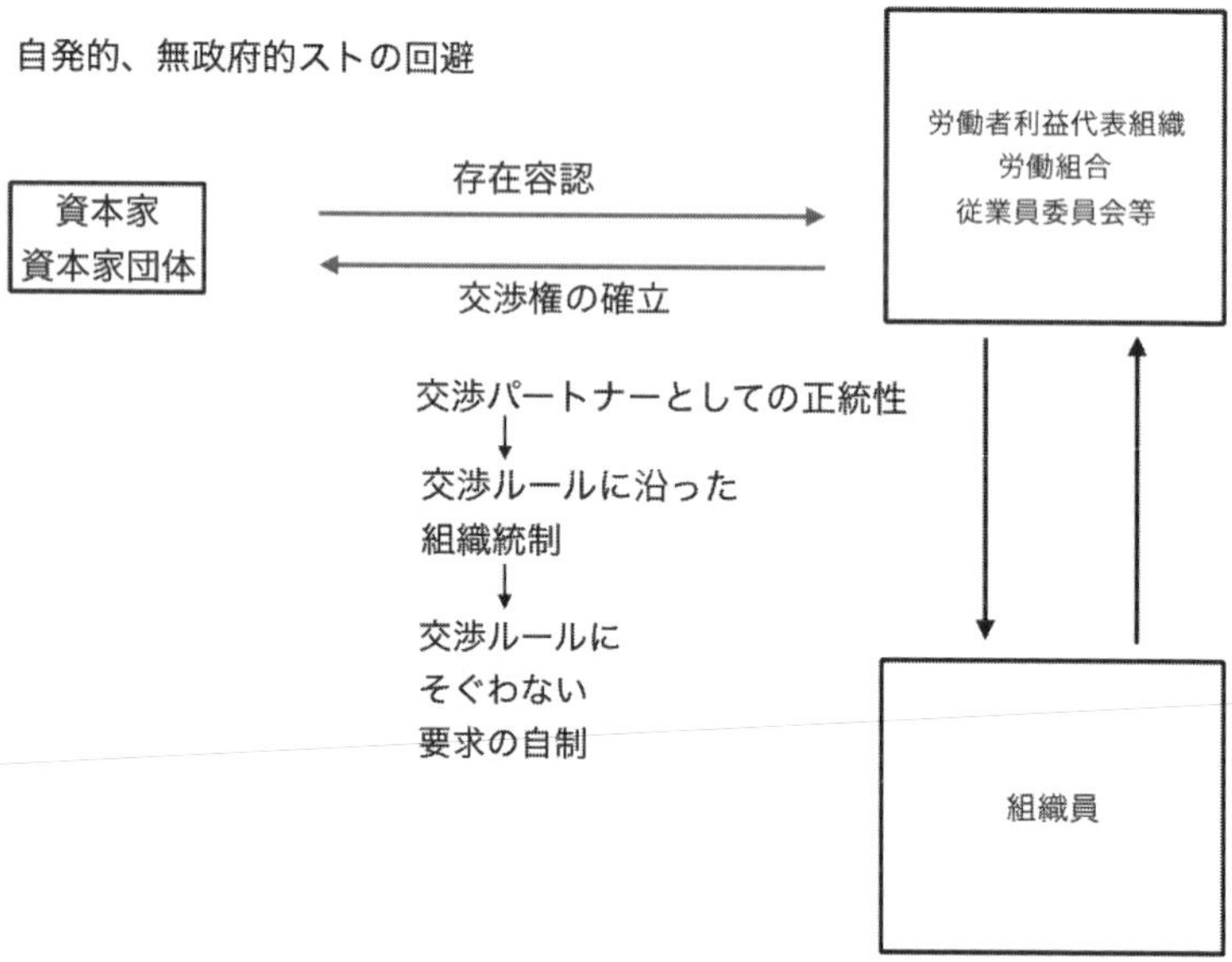

図４　ガイガーの階級対立の制度化

を取り込む必要はなく、第一、第二の要因から、労働者利益代表組織においてヘゲモニーを確立している特権的労働者層のみをパートナーとして懐柔すればよい（図5）。懐柔の費用は、縁辺労働者を企業内、産業内、国民経済内で冷遇して社会的な利潤総額を拡大させ、独占資本が収奪による超過利潤を増加させることで生まれる。独占資本主義下の労働者利益代表組織内の協調主義、したがって、独占資本を中心とする専制的な資本家団体に求められるのは、独占的巨大企業をベースに作られる中核的労働者のヘゲモニー階層の要求にみあった蓄積戦略を展開することである。独占資本主義の下での階級対立の制度化は、こうして形成される。

この配慮の下で、中核的労働者は独占資本の蓄積戦略と自らの処遇上昇との一致を見いだし、積極的に独占資本との協調関係を図るわけである。

資本・賃労働関係の相互前提性の側面は、独占資本主義の下で、より確固たる関係として労働運動を統合していく可能性を持つことが明らかになったわけである。

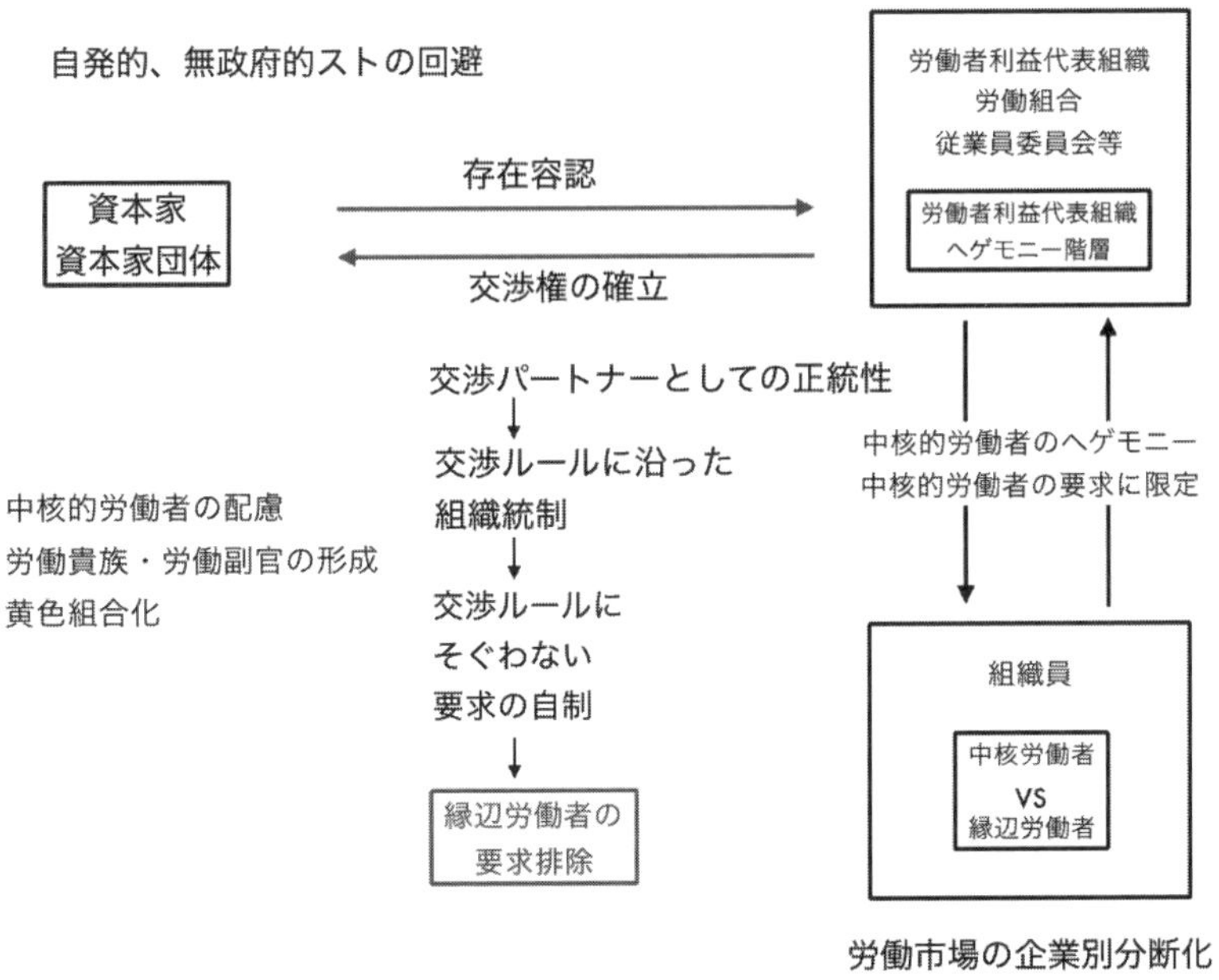

図5　朝日による独占資本主義と階級対立の制度化

その葛藤の中で精神の社会的病理現象が発生すると考える。(9)彼らは、すでに人びとが社会的に統合され、労働者階級はもはや社会変革の主体ではないと判断し、社会の縁辺にいる学生やアウトサイダーたちによる日常性の破壊や冒険主義に期待する。

統合肯定論の主張の特徴は、イデオロギーを現実から乖離した虚偽意識であると考える点にある。(10)イデオロギーは出自がわからなくなった観念形態であるが、脳の中で再生産されるものであり、日々の頭脳の外にある情報に影響を受けている。人はたとえ特定のイデオロギーに統合されても、このイデオロギーに反する情報を含む種々の情報を日常的に体験し、脳はそれを意識的にあるいは無意識に受け止めざるをえない。この体験や体感を科学と結びつける機会があれば、目からウロコが落ちたように主体としての自立の可能性が生まれる。科学は、統合を脱出する手段である。

人は統合されつつ統合されない存在である。それを理解する資本家階級の中枢部は、日々労働者の自覚を回避するために、支配的イデオロギーを仕事や生活の現場、メディアを通じて人々に注入し、労使協調主義的な実践的行動規範を再生産させている。

(四) 賃労働者は資本主義に統合されつつ統合されない

―統合否定論と統合肯定論の批判―

ここまで、資本・賃労働関係の相互前提性を検討してきたわけであるが、相互前提性をめぐっては、それを全く否定する主張(統合否定論)と、それのみを肯定し、相互排除性がまったく無くなってしまうと考える主張(統合肯定論)があり、両方の誤りを指摘しておく。

統合否定論は、資本の発展の理論と現状の労働運動の状況の違いを「法則からの逸脱」と考える論理実証主義の立場にたった主張であり、資本・賃労働関係に相互前提性が強まる可能性をみない謬論である。例えば、労使協調路線が現象している事実をそのまま認めると、資本主義が揚棄される未来を否定しているかのように考える単線的な社会変動観を持つことが特徴である。

統合肯定論は、労働者の主体行動の基礎となる考え方(実践的行動規範)が労働者に浸透し、労働者はその行動規範にがんじがらめにされ、主体を失って資本主義社会に統合されてしまうという考えである。例えばフランクフルト学派の「批判理論」は、労働者の主体を形成する労働者の意識は完全にこの行動規範に閉じ込められてしまうが、この非人間的な規範に対して人間の生命エネルギーが抵抗し、

三　現代資本主義における資本・賃労働関係

以上の資本一般、独占資本主義一般の資本・賃労働関係分析の方法に基づくと、現代資本主義における具体的な資本・賃労働関係はどのように捉えられるだろうか。ドイツと日本を例に検討してみよう。

(一)　ドイツの資本・賃労働関係

ドイツでは使用者団体と大産業別労働組合[11]が地域毎に期間決めでおこなう団体交渉で企業横断的な協約を締結する。政府は基本的に介入しない建前で「協約自治」と呼ばれる。団体交渉の成果は労働組合に参加していない労働者にも援用されるので、団体協約が賃金・労働条件の社会的相場を決定する。協約は概ね州を単位として締結されるが、この広域協約でカバーできない企業別の特殊事情を配慮して、企業代表の取締役会と従業員代表の事業所従業員委員会とが企業内協定を結ぶ。近年では、労働組合との事業所に対応した個別協約も増えつつあり、財界側から広域協約の役割を弱める手段としても利用されている。

(1)　労働組合 VS 事業所従業員委員会?

ドイツは一九五〇年代に「奇跡の復興」を遂げ、独占資本が復活を始めた。一九六〇年代になると、協約賃金と事業所別の賃金の間にギャップが生じ、ギャップの変動(賃金ドリフト)をめぐる労働組合と事業所従業員委員会との間の摩擦が語られるようになった。また、「斜陽産業や中小企業に足を引っ張られるのはごめんだ」と隆盛産業の巨大企業の事業所従業委員会の中には、産業別組合からの離脱を主張する事業所サンジカリズムが現れた。

労働組合は企業横断的労働条件の交渉を担当し、事業所従業員委員会は事業所別に日常的な苦情処理、職務遂行にかかわる協議を担当する。その意味で両者は役割を相互に補完し合う関係である。両者は人的にも強い結合関係にある。共同決定法に基づき選出される事業所従業員委員の多数は、労働組合が推薦するリストの候補者である。産業別組合の意思決定に強く影響するのは多数の組合員をかかえる独占資本の労働組合事業所委員会であり、労働組合は企業外の存在であるため事業所従業員委員会が組合員の日常の活動の求心力を持っている。

この点を考えると、独占資本の事業所従業員委員会と産業別労働組合は、役割分担での相互補完性と人的・組織的な結合を持ちながら、プレミアム賃金に関して連帯か排除かを争いあう矛盾した行動をしていることになる。

（2）ドイツの資本・賃労働関係の実体

しかし、すでに見てきたように、①独占利潤の形成と分配、②労働市場の分断化、③制度化された利益代表組織のヘゲモニー階層とそれに対する財界戦略を意識すれば、この対立は現代資本主義における資本・賃労働関係

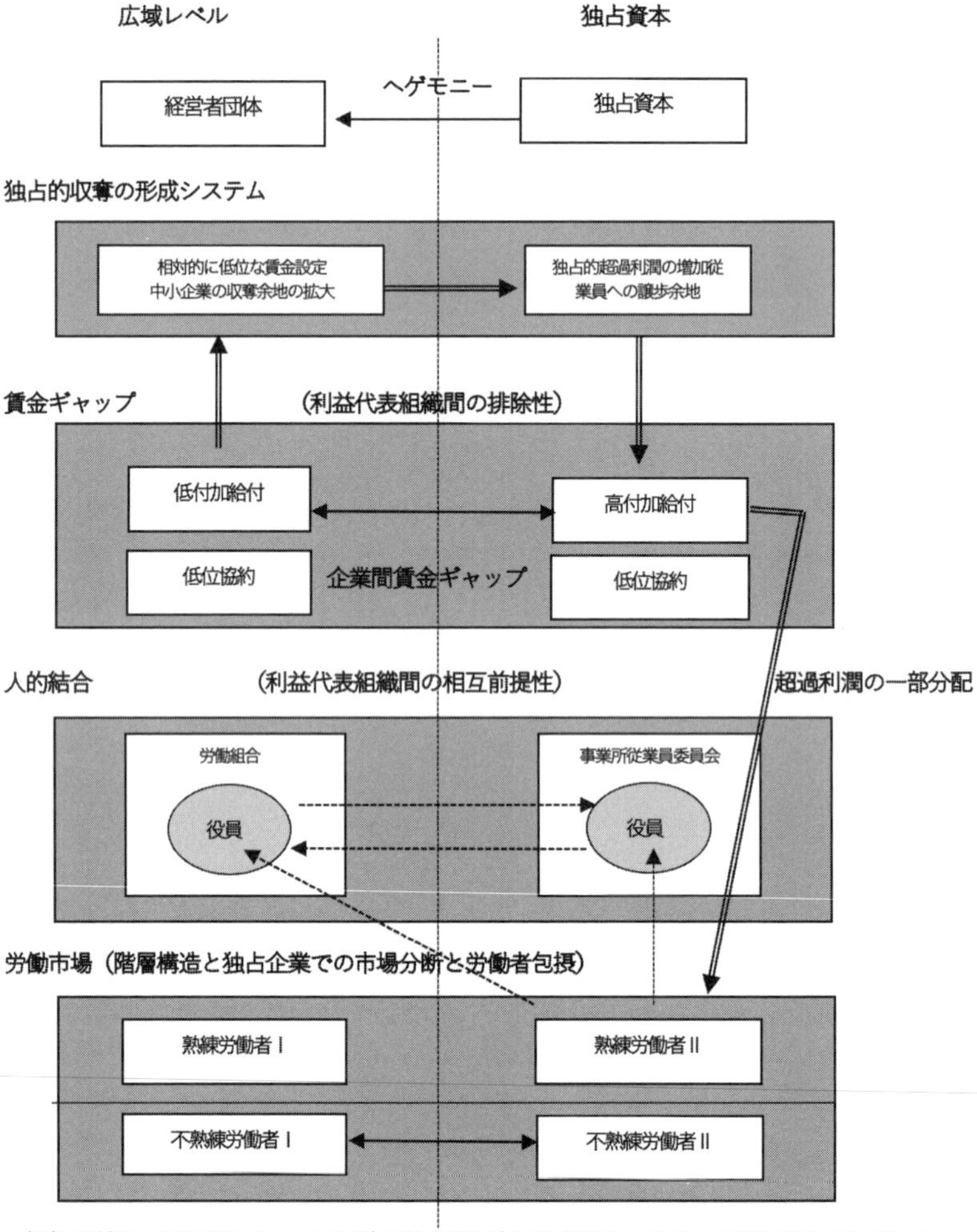

（注）破線は人的関係を示し、二重線は独占的収奪と独占利潤の移動・分配関係を示している。

図６　ドイツの資本・賃労働関係の基本構造

がドイツ型の形態規程を伴って発生する現象であることがわかる（図6）。

巨大な独占資本の下での特権的階層をなす中核的労働者層は、事業所従業員委員の選挙制度を通じて、事業所従業員委員会のヘゲモニー階層として選出される。

かれらの所得を簡単に示せば、賃金総額＝協約賃金＋プレミアム賃金（$W = T + P$）である。

この式から、賃金総額Wを最大化するためには、労働組合の戦闘的成果Tの上に企業内での付加賃金Pを加えればよい。しかし、独占資本主義の下では、それ以外の方法で彼らの賃金総額の最大化を図ることが出来る。それは協約賃金を引き下げることによって増大する社会的総利潤を独占資本が吸収し、それを資源に独占資本の特権的労働者にプレミアム賃金を付加することで可能になる。もちろん、協約賃金の下落が大きく、中核的労働者の所得全体が低められる場合には、抵抗が生じる。労働運動のヘゲモニー階層である中核的労働者の利益を損なわなければ、プレミアム賃金の上昇を見返りに中核的労働者が協約賃金の上昇のために非妥協的に闘争することがなくなるし、中小企業やあるいは独占資本における縁辺労働者からの搾取度を高めることで独占利潤は確保されるわけである。

こうして、中核的労働者層および労働運動の担い手の統合は、独占利潤と労働市場の分断化と制度化された資本・賃労働関係を通じて生じるのである。もちろんドイツ財界にとっては、中核的労働者層に対する手厚い手当は戦後ドイツ資本主義が背負った社会的労務コストであり、直接的には蓄積を制限するものである。しかし、これはドイツ財界にとって安定的労資関係と独占利潤を保証する、世界に冠たる「モデル・ドイツ」とされ、不可侵なサンクチュアリとされた。これがドイツの資本・賃労働関係の安定性の背景である。

(二) 戦後日本の資本・賃労働関係

日本では一九六〇年代に終身雇用・年功賃金・企業別組合の「日本的経営の三種の神器」といわれる固有の労使関係が定着した。

その中でも重要な要素は、右肩上がりの賃金制度（年功賃金制度）である。

年功賃金の基本モデルは初任給Aと定期昇給nと勤続年数Yの積を加えたもの（$W = A + nY$）である。

図7で示すように、年功賃金は、①若年期に奪われた賃金部分$S1$を②定年まで働き$S2$として取り戻すモデルで

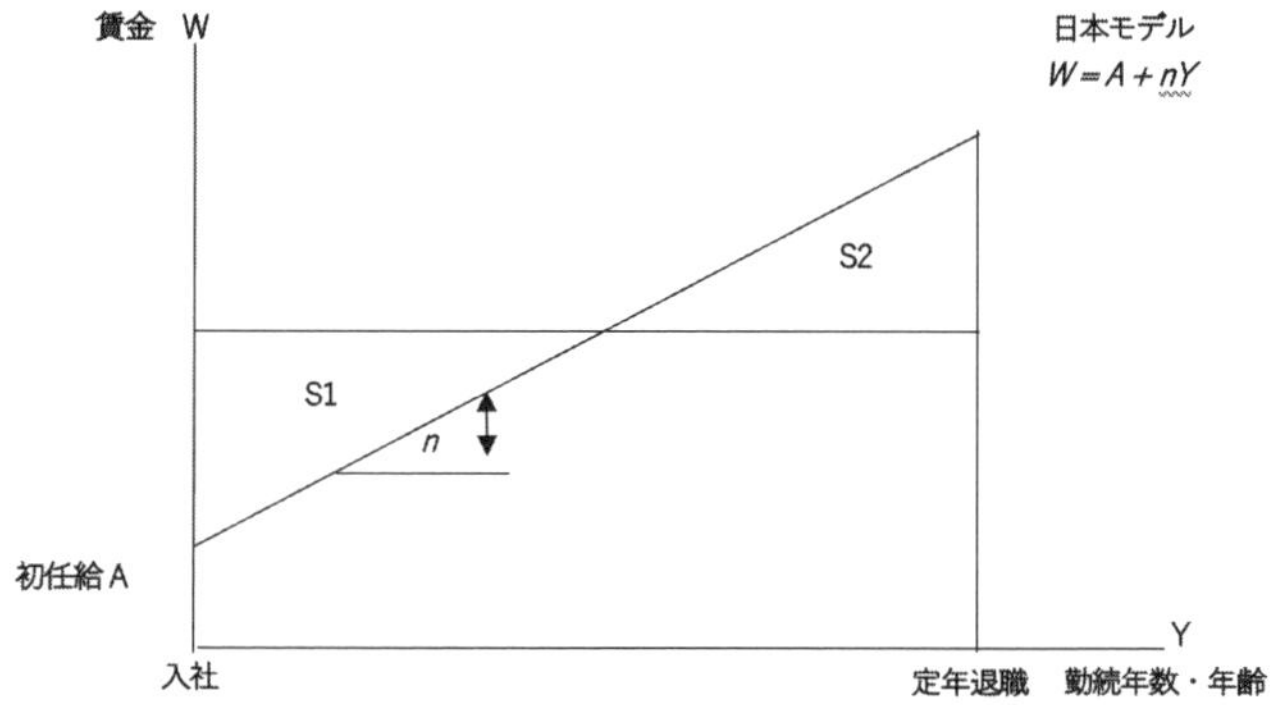

図７　年功賃金モデル

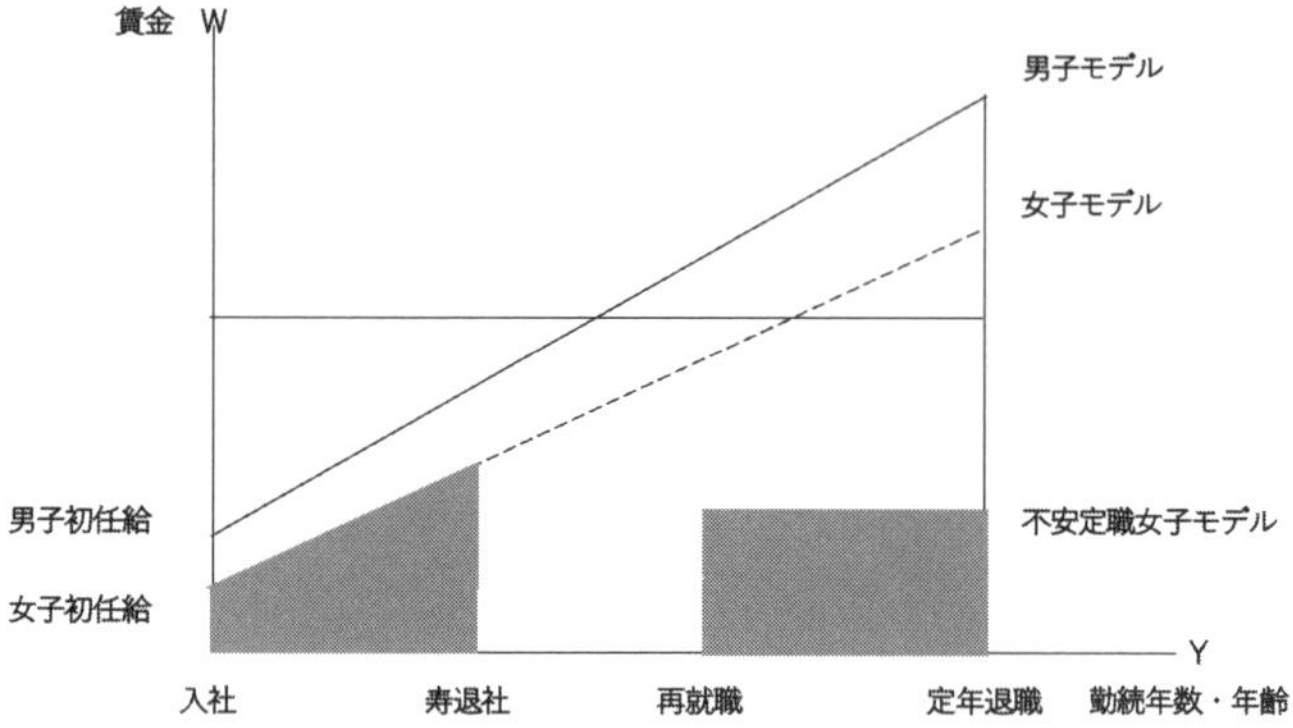

図８　女性差別を利用した収奪機能

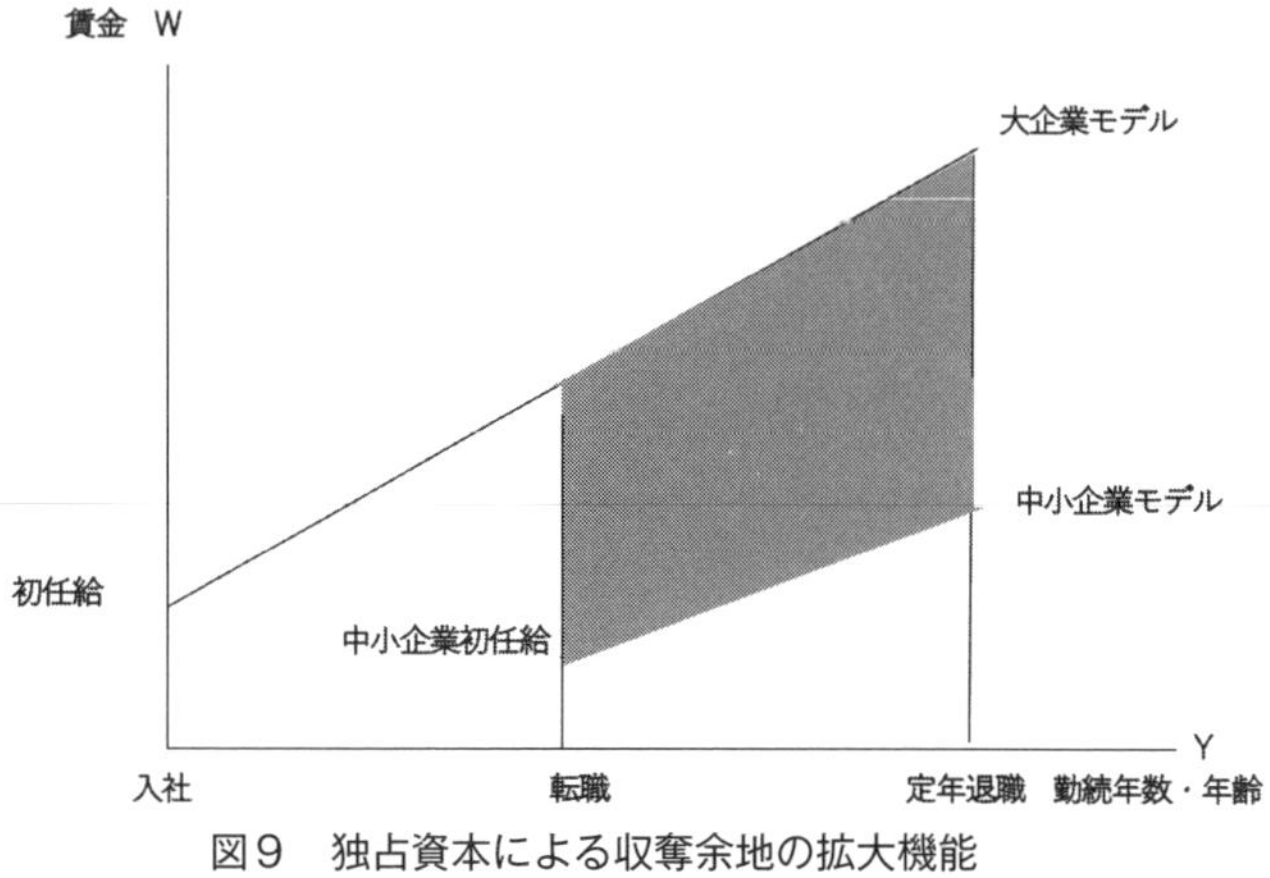

図９　独占資本による収奪余地の拡大機能

あり、当該企業で定年まで働くことを労働者に志向させる。若年期の収奪を補填する代替物として、終身雇用という（すべての労働者に対応するわけではない）幻想的な長期雇用モデルが生まれる。ただし、対象となる階層は、日本人成人男子、正社員、基幹労働者であり、その他は昇格や賃金、処遇での差別を受けてきた。

年功賃金 $W = A + nY$ の下で、生涯賃金を最大化する方法は、初任給 A が高く、定期昇給 n が高い企業で、そこに留まってできるだけ勤続年数 Y を長く働くことである。企業別の処遇の格差が労働市場の分断化を生む。労働者は、雇用条件を守るために、企業や上司に忖度する企業人間としての行動規範に染まってしまう。

②年功賃金制度は、中途退社すれば勤続年数がゼロとなるシステムで、寿退社をして子育て等の役割を終えて有期雇用で復職する女子を、勤続年数が増えないため賃金上昇のないパート賃金（不安定職女子モデル）に固定し、性差を利用した収奪賃金として機能してきた（図8）。

③年功賃金制度の下での転職は、より安価な初任給、より低い昇給率、さらに勤続年数のリセットを意味し、中小企業での転職者の賃金を抑制し、その分、中小企業の利潤の増加分から独占資本が利益を得る余地を拡大する機能を持っている（図9）。

労働市場に対応して、労働組合は正社員に限定された企業別労働組合となった。企業別組合は、企業の業績の上昇が労働者の処遇の前提であるとし、支払能力論に同調して、他企業との競争への支援、正社員以外の臨時工、季節工、パート、アルバイター、外国人労働者等の労働条件への不介入など、特権的労働者層の利益を反映した行動をとってきた。また、正社員に対しても、企業の経営方針を率先する「第二人事課」といわれる労働官僚の役割を担った。

守ってくれるかどうかわからない労働組合が、労働者を従順にする。企業横断的労働市場がドイツ労働者の資本からの自由の前提になっているのに対して、労働市場の企業別分断化が日本の労働者の資本からの自立を抑制し、劣悪な労働者状態を作り出していたのだ。

日本の財界は、このような協調主義的労使関係の基礎となった年功賃金制度を「日本的経営の宝」として、中高年の賃金が高すぎると攻撃を続ける諸資本を統御し年功賃金制度を聖地として守ってきた。

（三）ベルリンの壁崩壊と新たなグローバル化の影響

一九八九年ベルリンの壁崩壊後、世界の資本・賃労働関係の力関係が変化した。東西冷戦体制の終焉によって市場経済が世界を席巻し、軍事技術であったＩＴ技術を背景にアメリカ資本の競争力が急速に増大し、各国はかつてない国際競争にさらされ、従来の資本・賃労働関係の再編を余儀なくされた。新たなグローバル化時代の到来である。

市場経済に飲み込まれた諸国では、生産力の低い部門が淘汰された。それは発達した資本主義諸国で資本の多国籍化と産業の空洞化を進めた。淘汰された経営は大量の失業者を生み出し、大量の労働力が国際移動に向かった。その結果、発達した資本主義諸国では、資本の国外流出と外国人労働者の増加によって労働組合の労働市場に対する介入力が脆弱化した。また、マルクス主義の影響力が極端に弱まり、ポスト資本主義のビジョンが失われたことで、資本主義と共存することを志向する労働運動の右傾化が促進された。日独の財界は、新たなグローバル化を労働運動の脆弱化をすすめるチャンスとし、戦後形成した力関係の均衡から新たな均衡に向けて、従来のサンクチュアリに土足で踏み込んでいく。聖なる牛が生け贄になる時が来たのだ。(12)

おわりに

本論文では、資本・賃労働関係を考察する方法として、この関係を相互前提関係、相互排除関係の二つの相対立する主体の関係として捉える重要性を示し、さらに現代資本主義の下では、独占利潤の分配、労働市場の分断を前提に、労働組織のヘゲモニー階層をパートナーとする協調関係が形成され、この関係がどのように発展しているかを具体的に捉えることの重要性を示した。

ドイツと比較すると、日本の労働運動の課題は、企業を超えた労働市場を形成するための企業横断的労働運動を如何に構築するかにある。それは、企業を超えて労働条件を均質化することで、労働者が個別資本への従属から相対的に自由を獲得し、忖度無く自らの権利を主張するための手段の一つとなる。

現代資本主義における資本・賃労働関係の相互前提性のリアルな認識は有効な打開策を拓く唯一の道である。

注

(1) 本論文は、二〇二二年一一月二六日に関西唯物論研究会で行った朝日吉太郎著『現代資本主義と資本・賃労働関係—日独比較を通じて—』(文理閣、二〇二二年)の報告をまとめたものである。研究会の性格を配慮して、報告は、主として現代資本主義における資本・賃労働関係分析のための方法論的課題を中心テーマとし、戦後のドイツと日本に関する実証研究についてはテーマを補足する限りに止めた。本論文においても、同様に臨みたい。

(2) ここでいう「マルクス主義陣営」とは、私を含めてマルクス主義の立場に立って階級闘争の理論的課題を担っている研究者を指している。

(3) マルクス『資本論』第二巻、七七原ページ。訳は引用者。

(4)『資本論』第一巻参照。

（5）レーニン「資本主義の最高段階としての帝国主義」『レーニン全集』第二二巻、二二三ページ。
（6）朝日『前掲書』、八五～一〇六ページ参照。
（7）W. Sengenberger, *Struktur und Funktionsweise von Arbeitsmärkten, Die Bundesrepublik Deutschland in internationalen Vergleich*, Campus Verlag, Frankfurt/Main, New York, 1987.
（8）T. Geiger, *Die Klassengesellschaft im Schmelztiegel*, Verlag Gustav Kiepenheuer, Köln und Hagen, 1949, S.182.
（9）例えば、T.W.アドルノの『否定の弁証法』を参照。T.W. Adorno, *Negative Dialektik*, Gesammelte Schriften, Bd. 6, Suhrkamp. Frankfurt am Main, 1973, S.275.
（10）アドルノ「社会学と経験的研究」アドルノ／ポパー他『社会科学の論理―ドイツ社会学における実証主義論争』城塚登他訳、河出書房新社、一九七九年、一〇〇ページ。
（11）例えば、ドイツ金属産業労働組合は、鉄鋼、非鉄金属、機械、電気、自動車産業の領域すべてを一単組で組織する。組合員数は二三〇万人であり、社会的影響力は絶大である。
（12）その後の資本の攻勢と労働運動の展開については、朝日『前掲書』を参照されたい。

（あさひ きちたろう・鹿児島国際大学大学院非常勤講師・経済学）

特集　マルクス経済学の新展開

新型コロナ恐慌・気象危機・ウクライナ戦争
―『グローバライゼーションと民族・国家を超える共同体』をめぐって―

西原誠司

はじめに

二〇二二年五月一〇日、拙著『グローバライゼーションと民族・国家を超える共同体』（文理閣）を上梓した。完成原稿は、すでに二〇二一年一二月に出来上がっていたが、それを最終的に出版という形に仕上げる過程で、ロシアによるウクライナ侵攻が開始され、現在も終結の兆しが見えない。この著作の最初の構想が出来上がった段階では、新型コロナも発生しておらず、ロシアによるウクライナ侵攻も新型コロナも存在しない段階で、この原稿は執筆された。

現代史を揺るがすような二つの出来事が起こる前に、この著書の構想は、練り上げられたのであるが、方法的に見ると、このふたつの出来事を解明するための基礎はつくられていたと考えられる。新型コロナに対処するためには、民族や国家をこえる協力が必要であるし、民族や国家を超える共同体が形成されたなら、ロシアによるウクライナ侵攻のような事態も起こらなかったからである。だが、実際には、そうなっていない。だからこのような事態が起こっているのである。

そこで、この小論では、拙著の問題意識と方法を開示し、それが、現代世界の諸現象を解明するためにどうして必要なのかを明らかにしようと思う。

なお、拙著の書評を相沢光悦氏から頂いた（『経済』二〇二二年一一月号）。氏には、筆者と一面識もなかったにも関わらず、過分な評価をして頂き、とても感謝しています。

拙著を理解するための導きの糸として、ぜひ、参考にして頂きたい。

一　新著の問題意識・方法的特徴とその概要
――マルクス経済学への新たな挑戦

この著書の最初のプランは、人類の新しい実験である民族・国家・宗教を超える新しい「価値の共同体」をめざすEUの挑戦を主要な対象にし、その「理想」と「現実」をリアルにつかむことによって、資本主義のグローバリズムが引き起こす諸矛盾とその解決の方向性を探ろうとして構想された。

(1) まず第一に、本書の特徴として挙げることができるのは、その方法的特徴である。

一国を超える経済分析を行おうとするのであるから、その分析にはある国家の経済政策と他の国家の経済政策との相互作用がその対象となり、問題となる。ある国の経済政策の決定は、経済（経済的土台）と政治的上部構造との相互作用に規定されており、各国固有の「国家の形態でのブルジョア社会の総括」の在り方によって特殊性をおびる。EUの形成にあたっては、ドイツとフランスによる「鉄と石炭」という資源の奪い合いが二つの世界大戦を招き、その結果、世界経済・国際関係の方向性の決定権を米国とソ連に奪われてしまったという歴史的現実がその出発点をなしている。このような状況の中から、ヨーロッパは、第二次世界大戦の教訓としてEU（不戦共同体）を生みだした。

すなわち、最初は、六カ国（原加盟国）の小さな共同体から出発したEUは、現在二八カ国を擁する巨大な経済圏へと成長した。そして、人類の未知の領域に挑戦し、その成果――ECSC、関税同盟、単一市場、単一通貨、ヨーロッパ中央銀行、ヨーロッパ議会、EU大統領等々――を次々とあげてきた。それは、「平和なヨーロッパがヨーロッパの経済的繁栄をもたらす」という考えのもと、国家主権をこえる新たな試みをおこなってきたからであり、EUは、その出発点からして政治的存在であり、それゆえ、その分析方法は、国境を越えた政治と経済の相互作用の研究でなければならないということである。

(2) だが、そのEUが今、一つの岐路に立っているように見える。ギリシャ債務危機、ユーロ危機、シリア難民受け入れをめぐる対立、そして、今回の英国のEUからの離脱表明等々。確かにこれらは、EUが抱える諸矛盾のひとつであり、その現れではある。

それでは、ジャーナリズムの世界で議論されているように、これらの矛盾の中で、まずEUのなかでもギリシャのような小さな国々は国家破産をし、次にユーロシステムが崩壊、EUは分裂し、最終的に、EU形成以前の各国毎の通貨をもつブルジョア的国民国家に戻ってしまうのであろうか。そして、それは新たな世界経済危機の引き金を引くのであろうか。

この著書の第二の特徴は、これらの現象を「危機論」ではなく、EUの発展過程のなかで必然的＝法則的に引き起こされる現象であるととらえ、この見地から、そのもつ性格を確定することである。

ジャーナリステックな世界ではいつでも「危機」が叫ばれる。だが冷静にEUを観察すると、危機の中で加盟国は増え続けてきたし、ユーロ参加国も一一カ国から一九カ国へと増えているのである*。通貨・金融システムも崩壊していない。なぜなら、EUそのものがグローバルな資本主義の矛盾の中から生み出され、その矛盾を解消しはしないが、その矛盾の運動を可能にするひとつの解決形態として登場したものだからである。それゆえ、グローバリズムをその本性とする資本主義を前提とする限り、EUやユーロは解体ではなく、その命脈が尽きるまでは、さらなる進化（深化）という形態でしか展開しようがないのである。

*一九九九年一月にEU加盟国中一一カ国で単一通貨ユーロを導入（ユーロ貨幣の流通は二〇〇二年一月から）。二〇〇一年一月にギリシャ、二〇〇七年一月にスロベニア、二〇〇八年一月にマルタ、キプロス、二〇〇九年一月よりスロバキア、二〇一一年一月よりエストニア、二〇一四年一月よりラトビア、二〇一五年一月よりリトアニアが加わり、参加国は一九カ国に拡大。

(3) しかし、このことは、資本主義のグローバル化によって貧困や格差の拡大、失業者の増大、さらに移民・難民問題が解決するということを言っている訳ではない。その根本的解決は、資本主義のEUを前提する限り、困難であると思われる。その解決のためには、資本主義ではない新たな社会システムとしてのEUが必要なのである。この点の主張が、この著書の第三の特徴である。多くの論者に欠けているのは、この二つの矛盾が区別されていないことである。すなわち、資本主義EUの中で解決可能な矛盾とそれでは解決不可能な矛盾のなかで、EUは苦しみながら、あらたな解決策を模索しているのである。それは〝古き良きブルジョア的国民国家〟に戻ることではないし、ましてや、かつての〝植民地帝国〟に戻る道でもない。この論点は、本書の第二の特徴と絡め、EUの未来像を考えるということである。
（４）さらに、このような見地――ＥＵを理想化するのではなく、矛盾を持ちながら発展する「国際的地域経済ブロック」としてとらえ、分析する――からＵＫのＥＵ離脱をみると何がみえるのか、他方、そのなかで数十年にも渡ってＥＵに加盟申請しながら、未だに加盟が認められていないトルコの存在をどう見るのか、さらに、それを私たちが住んでいる東アジアに適用すると何が見えてくるのか、とりわけ中国の習近平による「一帯一路構想」の急浮上等々、一連の諸現象をこれらの見地から解明するというこ と、これが今回のテーマであり、本書の第四の特徴である。
それゆえ、ここから引き出される結論は、ＥＵ加盟国にとどまるものではなく、一国的な経済システムを越えた「国際的地域経済ブロック」を形成しようとする経済圏にも示唆を与えるものとなる。
（５）これらの諸問題を解明するために、執筆を始めたわけであるが、その途中で新型コロナによるパンデミックがおこり、リーマンショックをこえる衝撃を世界経済にあたえるという事態が起こった。これに対処するためには、この著書で展開している、宗教、民族、国家を超える新たな価値の共同体が必要で、それゆえ、当初のプランにはなかったテーマを序章として加え、現在の状況に適応できる形に章構成の編成替えを行った。
これら一連の諸問題にこたえる新たな書物を出版することは、ＥＵ研究および国際的地域経済ブロックの研究の前進にとって新たな一石を投ずることになるのではないかと考えた。以下、その概要（目次）を示せば、次のようになる。

はしがき
序　章　人新世時代の『資本論』・『帝国主義論』とアフター・コロナの「未来予想図」―新たな恐慌の発現形態としての新型コロナ恐慌とその脱出の諸条件―
第一部　民族国家を超える新たな国際的地域経済ブロックＥＵの形成
第一章　ユーロと新たな国際的地域経済ブロックＥＵの形成―新しい国際通貨「ユーロ」の誕生とその政治・経済的諸条件―
第二章　ヨーロッパ資本主義の現段階とＥＵの形成―平和なヨーロッパをめざす『古い欧州』の新しい実験
第三章　ヨーロッパ型資本主義と「社会的市場経済」の未来―ＥＵ五〇年の歴史と到達点
第四章　金融危機下のヨーロッパ―ＥＵ統合とグローバリ

ズムのはざまで
第二部　ＥＵから離脱する英国と加盟を目指すトルコ
第五章　Brexit による「大英帝国」・ＵＫの終焉と Little England への道—ＵＫの持つ矛盾は、ＥＵ離脱によって解消するのか
第六章　ＥＵ加盟をめざすモダンイスラム・トルコの挑戦と苦悩—ＥＵは民族・国家・宗教を超える新しい「価値の共同体」となれるか—
第三部　「一帯一路」と「東アジア共同体」の現実的可能性
第七章　東アジア共同体の実在的可能性—ＥＵの新しい実験が示唆するもの—
第八章　現代版シルクロード「一帯一路」構想の光と影—アジアとヨーロッパを繋ぐ「平和の共同体」か、欧米型植民地帝国の再来か—
第九章　転機に立つ日本経済と「第四の革命」—脱原発の環境政策は、グローバルな「経済危機」を克服できるか—
あとがき

二　新型コロナ「不況」は、なぜ、新たな「恐慌」の一形態なのか——前著『グローバライゼーションと現代の恐慌』との関係で——

この新著は、前著『グローバライゼーションと現代の恐慌』（文理閣、二〇〇〇年）を前提して、それを発展させようとしたものであるが、前著は、久留間鮫造氏の恐慌研究と見田石介氏の経済学方法論を適用して、現代の恐慌現象を解明しようとしたものである。

現代の恐慌現象とは、直接的には、スタグフレーションやバブルの崩壊をさしているが、同じ資本主義の矛盾（「生きている矛盾」「生産と消費の矛盾」）を究極の根拠としながら、なぜ、恐慌はその発現形態を次々と変えていくのか、マルクスの『資本論』で解明された矛盾の周期的恐慌としての爆発から一九二九年恐慌、そして第二次世界大戦後のスタグフレーションとバブルの崩壊、さらには、レーニン『帝国主義論』によって解明された二度に渡る国家の媒介による恐慌の帝国主義戦争へ転化といった一連の諸現象を解明することのできる恐慌論の方法を提起するというのが、前著の主題であった。前著を読まれていない方もい

るので、便宜のため、以下、これを、新著との関係で、比較・対照し、列挙しておく。

一　筆者の理論的系譜

見田石介『資本論の方法』（弘文堂）と『ヘーゲル大論理学研究』（大月書店）、『価値および生産価格の研究』（新日本出版社）。弁証法と形式論理学の関係／有機体と機械的なものとの関係（相互作用）を解明。

鈴木　茂『偶然と必然』（有斐閣）。絶対的必然性と形式的必然性（偶然性）との関係を解明。

上野俊樹『経済学とイデオロギー』（有斐閣）「ヒューマニズムにもとづく経済学」、「労働価値説と現代」（『経済』）。科学的認識とイデオロギー的認識の関係を明らかにし、現代の経済現象を解明するための方法――資本の階層性と階層間相互作用――を提起。

向井俊彦『向井俊彦著作集』（文理閣）。マルクスの「史的唯物論」という方法を科学的に解明し、主体の論理学を提起。

二　前著『グローバライゼーションと現代の恐慌』の方法

①資本という有機体（「絶対的必然性」）とその矛盾（恐慌の実在的可能性・相対的必然性）の発現形態（現象形態）である恐慌を区別／「恐慌の必然性」をめぐる論争を解決。

②金融資本（独占資本）を主体とした現代資本主義の諸現象を制限と限界の弁証法を使い分析。資本の階層性――自由競争と独占――を前提に、産業資本にはなかった金融資本の資本蓄積の三つの発展形態を抽出し、それとの関係で現代の恐慌現象を解明。ex.　二九年恐慌、スタグフレーション、バブルの崩壊。

③恐慌論研究の中に帝国主義戦争を位置づけ、国家と経済的土台との相互作用によって、周期的恐慌が帝国主義戦争に転化すること、同時に、戦後の資本主義のグローバリズムの発展によって、帝国主義戦争が抑止される実在可能性を明らかにした。

④「資本の階級性と民族性の矛盾」というカテゴリーで、資本のグローバリズムとブルジョア的民族国家との矛盾とその展開、第二次世界大戦を生み出した帝国主義的ブロック経済に代わる国際的地域経済ブロックの誕生とその発展――その典型がＥＵ――を解明する方法

を提起。

三　『グローバライゼーションと民族・国家を超える共同体』の方法

①従前の方法を基本的に継承／政治経済学による分析の必要性を提起。

②今回の経済不況を「新型コロナ恐慌」と命名――これまでの恐慌との違いを明らかにすると同時に、その対策についても提案。アフター・コロナの社会構想を持つことの必要性。

③国境を越えたコロナ対策の必要性＝ＥＵのような国際的地域経済ブロック。

④斎藤幸平氏『人新世の『資本論』』を「ヒューマニズムにもとづく経済学」の見地から批判的に検討／「自然と人間の物質代謝」の破壊（環境問題）と資本主義の関係の解明。

⑤ＳＤＧｓの階級的性格とその社会変革にとっての可能性の解明／Sustainable developmentの訳語をめぐる問題と「脱成長コミュニズム」の理論的系譜を「解明」／「ヒューマニズムにもとづく経済学」の肯定的側面を継承しつつ、そのなかにある「人間中心主義」を超えた、自然と人間の物質代謝（ウイルス界）を含む経済学を提唱。

これを見ればわかるように、前著の出発点は、「恐慌の必然性」をめぐる論争に決着をつけることであった。

だが、マルクスの著作『資本論』が経済学的カテゴリーと論理的カテゴリーとの結合物であるという自覚を欠いた日本の恐慌論研究は、「必然性」という論理的カテゴリーを「必ず起こる」もしくは「繰り返し起こる」というような日常用語に置き換え、研究してきた。

たった一度しか起こらなくても、ブルジョア市民革命と封建制から資本制への経済的社会構成体の移行は「必然」であるが、ある人Ａとある人Ｂが、例え毎日繰り返し、同じ電車に乗り合わせたとしても、それは単なる偶然の積み重ねであり、「必然」とは言えない。

なぜなら、「必然性」とは「相互に含みあう関係性」のことをいい、二人が出会うことの中に相互に含みあう関係性がないからである。これに対して、封建制とその最後の政治形態である絶対王政が持つ矛盾は、来るべき新しい社会である資本主義社会をその体内に孕み（含み）、それがブルジョア社会として現実化するのだから、それは「必然性」といえる。封建社会の矛盾と生み出されたブルジョア社会は相互に含みあう関係になっているのである。

このことをヘーゲル論理学との関係でみれば、より正確に言えばマルクスの眼で見たヘーゲルの論理学では、「必然性」というカテゴリーは「偶然性」と対を成すカテゴリーとして、以下の三つの階層で把握される。この論理的カテゴリーを『資本論』・恐慌論と対照させてみよう。

肯定的統一／差異　抽象的可能性　形式的現実性　偶然性

⇒商品・貨幣の矛盾＝恐慌の可能性（DK Ⅰ第1・2章）と発展（DK Ⅱ）

否定的統一／対立　実在的可能性（方向性を持った可能性）相対的必然性

⇒資本の矛盾＝恐慌の実在的可能性・相対的必然性（DK Ⅲ 第3章）

有機的統一／矛盾　自己の前提条件を自らつくりだす生命　絶対的必然性

⇒DK Ⅲ第3章以降　矛盾をもった資本＝生産有機体とその展開

（見田石介『ヘーゲル大論理学研究』①-③をもとに筆者が作成）

だが、この「必然性」という論理的カテゴリーの理解の欠如のため「恐慌の必然性」の研究と変化する「恐慌という現象」の形態の研究は、相互に含みあう関係とはならず、原理論の研究と現状分析とが乖離し、原理論の研究が進んでも、現状分析には影響をあたえず、現状分析が進んでも、原理論の内容は豊かにされないという、全く的を外した研究となっていたのである。しかし、見田石介氏が明らかにしたマルクスの論理学は、ヘーゲルの論理学とは違って、生きた全体としての現実（この場合は資本主義的生産有機体）を無矛盾的な有機体ではなく、矛盾をもって発展する有機体として把握することができるカテゴリーとなっており、これによって、「恐慌の必然性」に関する論争における混迷を抜け出す展望を与えたのである。

すなわち、マルクスは、史的唯物論という方法を現実の資本主義に適用し、『資本論』という著作に結実させた。資本は、矛盾をもって発展する生きた全体、矛盾をもった有機的統一体＝有機体（＝社会的生産有機体）であり、論理学的カテゴリーとしては、生命・概念にあたる。

多くの論者によって誤解されている理解とは違って、「恐慌の究極の根拠」といわれる「生きている矛盾」「生産と消費の矛盾」は、社会的生産有機体である資本そのものではなく、その矛盾＝「生きている矛盾」「生産と消費の矛盾」の発現形態・現象形態にすぎない。現象形態に過ぎないのであるから、恐慌は、「絶対的必然性」＝有機体でありえないのは、明らかである。恐慌は経済現象であり、資本という有機体がもつ矛盾の発現形態・現象形態にすぎないのだから、それ自体は有機体ではなく、したがって、有機体のように自らが運動したりすることは、決してありえないのである。

だが、人間の認識は、一挙にその生きた全体＝矛盾を把握することはできないので、その諸側面を認識の上で分解・解体し、分析的に抽象から具体へと総合＝上向してゆく（「資本の表象の概念への転化」すなわち資本の表象・イメージを概念に変える）のである。だが、これは、資本主義が現実に歩んだ道ではなく、資本主義を認識の上で再現する認識過程（認識のあゆみ）なのである。

マルクスは、まず、資本の前提をなす商品・貨幣関係を分析したうえで、次に、資本の主要な包括的モメントである特殊としての普遍、「可変資本＝剰余価値」を資本の最初の概念としてつかみ、これを展開してゆく（『資本論』第一部　資本の生産過程）。だが、資本は、生産過程だけで構成されている訳ではない。資本にとっては、価値が生産されるだけでは、意味をなさない。それは、剰余価値として流通過程で実現されなければならないのである。それゆえ、『資本論』第二部では、第一部では捨象されていた流通過程が分析され、資本主義がいかに再生産されるかが、明らかにされるのである（「資本の流通過程」）。しかし、資本主義は、生産資本＝産業資本だけによって構成されているわけではない。産業資本とならんで商業資本・銀行資本（利子生み資本）が存在し、互いに競争しあっている。それゆえ、さらに、これが分析されなければならない。こうして、産業資本によって生み出された剰余価値（第三部では平均利潤）が諸資本によって分配される過程が分析され、最後に、資本主義的土地所有（資本主義的地代）の分析によって、『資本論』は完結する。ここに来て初めて社会的生産有機体である資本の全体像が明らかにされ、ブルジョア的経済（資本）の全体としての矛盾が明らかになる。

マルクスによれば、恐慌とは、「ブルジョア的経済のあらゆる矛盾の爆発、強力的調整」であるから、「全体としての資本の矛盾」が明らかになって初めて「恐慌の究極の根拠」が明らかとなる。したがって、資本主義の恐慌現象の本格的分析は、『資本論』第三部以降でなければならないのである。それまでの恐慌の分析は、恐慌の抽象的可能性および発展した恐慌の可能性であり、この認識のレベルでは、「恐慌の必然性」を語ることはできない。

では、「恐慌の必然性」とは何か、それは『資本論』のどこで明らかにされているのか。あるいは、明らかにされていないのか。すでに、最初のところで少し見たように、恐慌は資本主義の矛盾の発現形態・現象形態に過ぎないのだから、恐慌は、「絶対的必然性」＝生命・概念・有機体ではありえず、「恐慌の絶対的必然性」という意味での必然性は存在しない。これまでの、恐慌の必然性をめぐる論争では、久留間鮫造氏においてさえ、このことが全く明らかにされていなかった。それゆえ、久留間氏は富塚良三氏を説得できなかったのである。

では、富塚氏が久留間氏に投げかけた「どんな意味においても恐慌の必然性というのは、存在していないのですか」という問いかけに対して、久留間氏は、「マルクスは恐慌の必然性というカテゴリーを一度も使っていない」と繰り返すだけで、富塚氏の疑問には答えていない。これに対する私の答えは、「恐慌の実在的可能性・相対的必然性」(「生きている矛盾」「生産と消費の矛盾」)という意味で、「恐慌の必然性」は存在しているというものである。「発達した資本主義の矛盾」である「生きている矛盾」「生産と消費の矛盾」――「発達した」というのは、産業革命前の資本主義においては、周期的恐慌はおこっていないのであるから、一般的・普遍的な資本主義の矛盾である資本―賃労働の矛盾だけでは、恐慌はおこらない。周期的恐慌の発生のためには、産業革命をへた資本主義への発展が必要なのである――こそが「恐慌の究極の根拠＝恐慌の実在的可能性＝恐慌の相対的必然性」であり、恐慌はその発現形態・現象形態なのだから、「恐慌の実在的可能性・相対的必然性」の意味で、「恐慌の必然性」は存在するのである。

このことを前提とすると、なぜ二〇世紀にはいって、周期的恐慌がおこらなくなり、それに代わって帝国主義戦争(二度の世界大戦)が起こったのかが明らかになる。日本の場合、厳密な意味では帝国主義戦争(帝国主義国間の戦争)とは言えないかもしれないが、帝国主義的侵略戦争である日清戦争(一八九四年)、日露戦争(一九〇四年)を経て、第一次世界大戦(一九一四-一八年)と一〇年周期で恐慌が戦争へと転化しており、第一次世界大戦後のベルサイユ講和会議(一九一九年)を次の産業循環の出発点とすると、一九二九年恐慌、第二次世界大戦(一九三九年)と周期的恐慌が戦争・恐慌の周期に置き換わっている。すなわち、独占段階の資本主義のもとでも「生きている矛盾」「生産と消費の矛盾」をなくすことはできず、周期的恐慌として爆発すべき矛盾が国家の介入を媒介として帝国主義戦争あるいは帝国主義的侵略戦争へと転化したのである。帝国主義戦争も周期的恐慌も資本主義的有機体がもつ矛盾の発現形態・現象形態であって、資本主義そのものでもないし、社会的生産有機体でもない(絶対的必然性ではない)ことは明らかである。

国家の介入によって帝国主義戦争にとって代わられる

ような現象は、有機体（絶対的必然性）とはいえず、その矛盾の発現が、その根拠（恐慌の究極の根拠である「生きている矛盾」「生産と消費の矛盾」）以外の諸条件に依存しているのだから、このような諸条件の集合によっておこる「事柄」である「恐慌あるいは帝国主義戦争」という現象は、「実在的可能性・相対的必然性」なのであり、それゆえ、帝国主義戦争も周期的恐慌も「絶対的必然性」ではありえない。

それでは、今回の新型コロナを契機とした経済不況は、どうだろうか。なぜ、私は、これを新たな恐慌の発現形態と呼ぶのか、このことについて、少し述べておきたい。

まず、リーマンショックに匹敵する経済不況が起こったことは確かであるから、経済現象としては、これまでの恐慌と同一性をもっているといえる。だが、これまでの恐慌と新型コロナ不況もしくは恐慌は、第二次世界大戦後の新たな恐慌の発現形態であるスタグフレーションやバブルの崩壊とも、それ以前の恐慌とも違った特徴をもっている。それは、周期的恐慌にしても、帝国主義戦争にしても、あるいは、スタグフレーションやバブルの崩壊にしても、すべて資本主義的有機体がもつ矛盾だけから発現しており、その意味で、資本主義的矛盾の必然的現象形態と言えるのであるが、今回の新型コロナ不況は、資本主義的有機体の外にある自然界との物質代謝（相互作用）に生じた攪乱（パンデミック）にたいして、資本主義を防御するための国家の政策を媒介として発現しているからである。

資本主義の矛盾を一つの根拠として今回の新型コロナ不況が発現しているのは確かであるが、資本主義という有機体の矛盾からだけ発現しているこれまでの恐慌とは違って、自らつくりだすことのできない自然界（生物ではないウィルスを含む）との相互作用の中で生じている現象であるので、これまでの恐慌にはない要素を含んだ「新型」であるといっているのである。

にもかかわらず、パンデミックを引き起こした主要なモメントは、自然界の側にあるのではなく、矛盾を持った資本主義的有機体の側にあるのだから、資本主義的「恐慌」の一形態でもあるということなのである。これについては、当然、異論もあるであろうが、私が新たな恐慌の一形態としての「新型コロナ恐慌」と名付けたことの理由は分かっていただけたのではないだろうか。

実は、私自身は、前著を前提すると来るべき恐慌は金融資本の資本蓄積から必然的に生まれる「バブルの崩壊」となると予想していたのであるが、予想に反して、「新型コ

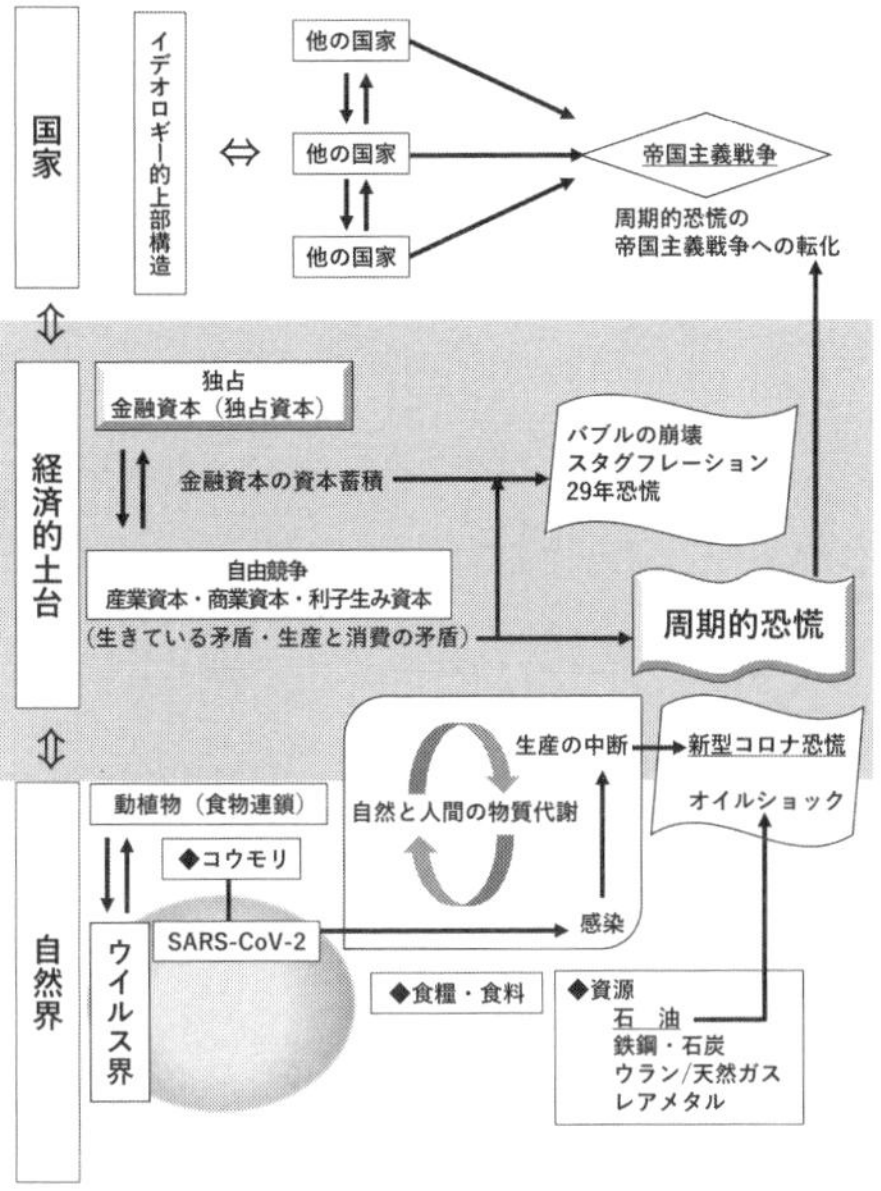

図１　資本の矛盾とその発現形態―自然界・ウイルスとの関係

ロナ不況」が起こった。この現象を分析していくうち、ウイルス界も含めた自然と人間（資本主義社会）との物質代謝のなかに「資本主義的経済」を位置づける必要性を感じ、「新たな経済学の見取り図」（図1参照）を作成し、当初の執筆プランにはなかった序章を新たに書き加えることにしたのである。

三　ウイルスをもふくむ自然と人間の物質代謝から現代経済をみる――斎藤幸平氏の「脱成長のコミュニズム」とＳＤＧｓ――

「ＳＤＧｓは大衆のアヘンだ」と主張する斎藤幸平氏の『人新世の『資本論』』（集英社新書、二〇二〇年九月）がベストセラーになっている。この著書を契機にマルクスの『資本論』を手に取る人が増えたのは、喜ばしいことであるが、それにとどまらず、ＳＤＧｓをアヘンと同一視し、それを全否定するのは、どうだろうか。私自身はかなり早くから、ＳＤＧｓに注目し、大学のゼミでも討論テーマで取り上げ、卒論テーマのひとつとして選択することを学生たちに薦めていたので、彼の主張をそのまま首肯することはできない。拙著では、この点について（資本主義と環境保護の両立不可能性を主張し、素朴に地球環境を守りたいと行動を始めた人々の運動〈ＳＤＧｓ〉を全否定し、〈大衆のアヘン〉だと冷水を浴びせかけ、それにかわるものとして「脱成長のコミュニズム」という「新しい宗教」を唱える）斎藤氏の著書に批判を加え、資本主義と地球環境維持の両立は可能であること、氏は、資本主義内部の階層性（独占資本と非独占資本〈中小零細資本〉への階層分化と対立・矛盾）を無視しているが、環境破壊をストップさせるためには、一握りの独占資本を孤立させ、ＳＤＧｓをもふくめた地球環境を守るための広範な連帯が必要であることを指摘した。

ここでは、氏の主張を原理にまで遡って検討したい。氏は、資本主義のもとでの地球環境保護の不可能性の根拠として、資本の蓄積衝動の「無限性」と地球環境の「有限性」を主張する。「無限性」と「有限性」を直接、突き合わせ、資本主義の下で環境保護は不可能であると断言するのである。

だが、それでは、資本主義は始まって以来、四〇〇年余りの歴史を持つが、それをどう説明するのであろうか。氏は、論理だけをみて、それが現実化していく資本主義の歴史を見ていない。始まったばかりの資本主義では、まだ、機械制大工場による大量生産体制も始まっておらず、地球規模の環境破壊をするほどの威力・生産力を資本主義は持っていなかった。だが、産業革命をへて資本主義が確立し、大量生産体制が現実になると、制限された消費をはるかに上回る商品が生産され、市場によって吸収されえない商品は、市場メカニズムを通じて価格が暴落し、周期的に強制的に廃棄されるようになる。いわゆる恐慌による資本主義的蓄積過程の強制的中断である。すなわち、資本主義は、資本主義的生産有機体である自己を防御し、再生産するために、資本主義的蓄積過程（無制限的蓄積衝動）を強制的に中断するのである。すなわち、「有限」である消費をはるかに上回る「無限」の生産能力を一時的・強制的に破壊し（恐慌）、資本主義をまもるのである。当初、マルクスは、この現象を革命と結び付けて研究していたのであるが、何度も繰り返し、かつ資本主義が存続しているという事実を分析する中で、革命と恐慌を直結させる従来の自己の見解を修正し、恐慌を資本主義の自己維持能力＝自己復元力と結び付けて考えるようになる。革命は、政治的上部構造の変革によってのみ可能であり、資本主義内部の矛盾の周期的爆発は、それだけでは、「資本主義の崩壊＝経済的社会構成体の移行」（「資本主義自動崩壊論」）には繋がらず、むしろ、資本主義の強さ（自己維持能力＝自己復元力）を表現しているということに気づくのである。

このように見てくると、現代の資本主義国家＝各国政府は、地球規模の環境破壊や新型コロナによるパンデミックから資本主義を守るために、強力に経済過程に介入して、自己を守ろうとしていることがわかる。これまでの、資本主義の歴史は、アプリオリにではないが、アポステリオリに強力に経済的土台に介入し、環境保護政策を発展させてきた歴史ということができる。現在では、これまで、利潤を蚕食するものとして、環境対策を一顧だにしないという態度をとっていた資本主義企業が、これが利潤の源泉になると判断すると、先を争って環境対策を競っているのであり、まさに隔世の感がある。ＳＤＧｓは、資本主義に反対する人、環境を守ろうとする人、かつては環境保護政策に反対していたにもかかわらず、環境対策が利潤をもたらすと判断すると手のひらをかえしたように環境保護を叫び始めた資本主義的大企業等々、これら相対立する階級・階層（諸階層）を含み込んだ新たな社会運動であり、これを「大衆のアヘン」と一刀両断に切り捨てる斎藤氏の見解は明らかな誤りである。

私は、現在の地球規模の環境破壊の根源には、資本主義のメカニズムだけではなく、「人間中心主義」という問題があると考えている。ウイルスは、拙著で紹介したように哺乳類の誕生（胎盤の形成）と密接に関連しており、ウイルスなしには、哺乳類である人類の誕生はなかったということができる。生物界だけでなく、ウイルスをもふくむ自然界との相互作用を前提として人類社会は成り立っていることが、様々な学問領域の研究成果によって明らかになっている。資本主義かコミュニズムかという狭いイデオロギー的見地から解放されて、「人間中心主義」のものの見方を脱却し、多様な生物種、ウイルスをもふくむ自然界との共存が可能な社会をどうつくり上げていくのかといった見地から、経済学を見直すべき時に来ているのである。

四　ロシアによるウクライナ侵攻をどう見るのか

二〇二二年二月二四日、ロシアがウクライナとの国境を越えて軍事侵攻を開始し、世界に衝撃を与えた。この時期、人類は、地球温暖化の危機（「気象危機」）および新型コロナ危機という人類史上かってない地球規模の危機に直面し、民族や国家をこえて共同しなければならない時をむかえていた。それは、新著の最終稿を仕上げた後、出版に向けて最終調整をしていた時でもあった。そして、まさに、これらの危機に対する人類共同の取り組みが始まったばかりのその時に、ロシアはウクライナ侵攻を開始したのである。人類史的課題に背反する暴挙と言わなければならない。この点について拙著での結論を踏まえ、なぜこのような事態が生じたのかについて『経済』二〇二三年一月号　特集激動の世界　ロシアのウクライナ侵略「ロシアによる戦争

の惨禍　試練に立つ世界」に掲載しておいた。

この暴挙は、まず、歴史的に見れば、一九三九年九月のナチス・ドイツのポーランド侵攻とオーバーラップする。英仏は、第一次世界大戦の苦い体験があったため、独仏国境地帯のラインラント進駐にはじまる一連の侵略行為に対して見て見ぬ振りをした。それがナチス・ドイツを増長させ、第二次世界大戦を引き起こすことになったのである。今回のロシアは、一九九九年チェチェンへの武力介入、二〇〇八年グルジア（ジョージア）領内への侵攻、さらには、二〇一四年クリミア併合と一連の侵略行為を繰り返していたにもかかわらず、先進国をはじめとする世界は、非難はするが、結果としてロシアの侵略行為を容認、見て見ぬ振りをしたのである。これが、ロシアのウクライナ侵攻を引き起こす遠因となっている。

次に、表面的には、ウクライナとロシアの戦争のように見えるが、その背後には、米英の軍産複合体があり、武器貸与法にもとづくウクライナへの兵器供与によって、これに関連するロッキード・マーティン、ノースロップ・グラマン、ゼネラル・ダイナミックス、BAEシステムズのような軍需大企業は、株価も急上昇し、活況を呈しているのである。だが、その原資は、国民の税金であり、犠牲になっているのは、ウクライナの国民と兵士、ロシアの兵士たちであり、戦争による難民を受け入れているウクライナ周辺の諸国の人々である。

さらに、ロシアによるウクライナ侵攻の直接的な引き金となったのは、ウクライナのNATO加盟をめぐる問題である。米ソ冷戦体制が終結し、その後ソ連が崩壊する中で、NATOに対抗する軍事同盟であるワルシャワ条約機構は解体するが、NATOは様々な理由をつけつつ、それ以降も残り続けた。これが、ロシアを刺激したのである。

だからといって、ロシアがウクライナに侵攻していいという理由にはならない。だが不戦共同体であるEUが、軍事同盟であるNATOに入っていること、この矛盾が、ロシアのウクライナ侵攻を誘発したことは確かであろう。このことは、台湾有事と絡まり、日米共同作戦が展開されている日・米関係とミラーイメージをなしている。日米安保条約と平和憲法との矛盾である。二〇二二年一一月一五日、ポーランドにミサイルが着弾し、二名の死者がでたというニュースが世界を駆け巡り、衝撃が走った。というのは、これがもしロシアからの攻撃だとすると、ポーランドは、NATOの加盟国であるので、ポーランドへの攻撃は、NATO全体の攻撃とみなされ、第三次世界大戦に発展する可能性を秘めていたからである。台湾海峡で同様のことが起これば、日本が直接攻撃されたわけでもないのに、中国との戦争に巻き込まれる危険性を秘めている。集団的安全保障は、自国を守ってくれるだけではなく、自国と関係のない戦争に巻き込まれる危険性を孕んだものだということを肝に銘じておく必要があるだろう。

　これに加えて、今回の戦争では、戦争のもつ否定的側面が次々と明らかになっている。なによりもまず、直接的な戦闘員ではない、罪もない人々が戦争に巻き込まれ、犠牲になっていることである。つぎに、エネルギー価格の高騰による先進国および発展途上国における経済的混乱とりわけアフリカ諸国における飢餓の発生である。だが、ザポリージャ原発への攻撃が明らかにしたように、たとえ核兵器を使用しなくても、原発が攻撃され、原発事故が発生すれば、核兵器を使用したのと同じことが起こる可能性・危険性がある。さらに、ウクライナの研究者による「戦争の温室効果ガス算定イニシアチブ」が昨年一一月二四日に発表した「ウクライナへのロシアの侵攻が招いた気候被害 Climate damage caused by Russia's war in Ukraine」という報告書は、世界に衝撃を与え、波紋が広がっている。これによれば、ウクライナ侵攻による温室効果ガスの大量排出は、弾薬や燃料の大量排出（約八八五万五〇〇〇ｔ）、建物や森林の火災（約二三七六万四〇〇〇ｔ）だけでなく、破壊されたインフラの再建をも含めると、ＣＯ２換算で約一億トンにのぼり（二二年二－九月）、これは、オランダ一国の排出量に匹敵するというのである（ＮＨＫスペシャル「混迷の世紀　灼熱地球の恐怖～ウクライナ侵攻もう一つの危機～」ほか参照）。残念なことに、ＥＵでは、ウクライナ侵攻を契機としたエネルギー危機への対応として、石炭火力の復活、原発回帰が検討されている。せっかく始まった、気象危機への取り組みを台無しにし、放射性廃棄物の処理の見通しもないまま、再び原発へ回帰する道は、地球の環境破壊＝放射能汚染への道である。

　これまで見てきたように、戦争は「最大の環境破壊」であり、人類にとって何のプラスももたらさない。戦争を始めないことが一番だが、始まった以上、一刻もはやく停戦・終決させることが必要であり、そのためにはどうすればいいのか、もっと知恵を出し合う必要があると思うのである。民族や国家を超え、階級や階層をこえた、ＳＤＧｓのような運動が求められているのである。

（にしはら せいじ・鹿児島国際大学・経済学）

論文

「アソシエーション」と市場経済の制御
―書評『「資本」に対抗する民主主義』に応えて―

芦田文夫

本誌六六号（二〇二二年一〇月）に拙著『「資本」に対抗する民主主義―市場経済の制御と「アソシエーション」―』の書評特集号を組んでいただいた。この書が課題としたのは、「自由・平等、民主主義」の展開と「市場経済」との連関を、経済学的な視点から、現実の「資本主義―社会主義」をめぐる歴史的過程のなかで検証し直してみようとするところにあった。そのさい、「民主主義」論を市場経済化と関連づけながら展開していこうとするとき、次のような二つの問題軸からなる理論的な枠組みを中心に据えようとした。一つは、資本による労働および社会全体への包摂・支配の関係、そのさいの国家による媒介などを含め、「資本」概念の展開にそってという問題軸であり、もう一つは、その対極にある「人民・民衆」あるいは「市民」、つまり広く人間主体の「生活」―「労働」概念の展開にもとづいてという問題軸である。

私は初めからこのような理論的枠組みにそって叙述を進めていったのではなく、二〇年ほどの間に拙著の一四の章毎に独自のテーマとして行きつ戻りつ試行を重ねているうちにようやく到達したものであるため、かなりの枝葉にわたる煩雑な現実分析や論究をふくんでいる。私にとってはまだ理論化しきれていない捨て難いものも残されているのであるが、書評をしてくださる方々には逆に余分な労力をおかけしたはずと恐縮している。それにも拘らず、聽濤弘氏・碓井敏正氏・牧野広義氏はともに実に丹念に読み込んで課題意識を前向きに受け止めていただき、厚く感謝申し上げる次第である（以下に引用する三氏名・頁数だけのものは本誌六六号の書評論稿のもの)。いずれも、二つの論理的枠組みがもつ積極性を肯定的に評価して「賛同」「支持」されたうえで、「さらに探究していくべき」論点として、「市民社会」概念や「アソシエーション」「個人的所有」などの内実に関わる諸問題を提起いただいている。どれも至当な諸論点であり、私もその趣意に応えて本稿ではむしろ微妙な相違点を対照的に強調していくことにしてみたいが、それは以上のような基本的な枠組みについての共通な視座に立ってのものであることを、始めにお断りしておきたい。

I 書評で出された諸論点の整理

私もその後、このようないっそうの論議をも期して、理論的枠組のいわば幹だけにあたる大筋の流れを簡潔に整理し直した論稿(「資本」に対抗する民主主義—市場経済の制御と関わって、経済理論学会誌『季刊経済理論』五九巻四号、二〇二三年一月)をまとめた。これには、二つの問題軸にかかわるその後の展開(例えば、D・ハーヴェイ『資本主義の終焉—資本の一七の矛盾とグローバル経済の未来』作品社、二〇一七年、など)を付け加え、かなり長い紙数が許された。詳しい説明が必要なばあいは、これをも併せて参照いただければ幸甚である。

そこでも、課題状況として強調しておいたのは、歴史家Y・コッカがいうように歴史の大きな転換期に「市民社会」概念をめぐる問題がクローズアップしたり「カムバック」したりすることである。一七・一八世紀の「市民革命」期がまずそうであった。封建的な身分制秩序や絶対主義的な国家の抑圧に抗して、「自立して自由な人びと」(市民)が法の支配の下で協力し合って生きていく。人びとの間には文化的・宗教的・エスニックな多様性に対する寛容があり、法外な社会的不平等がなく、そのような諸個人と諸集団によって社会が自ら組織されるという考え方が核心にあった。しかし、一九世紀前半に資本主義と工業化の影響を受けて、「市民社会」の定義が変化する。ヘーゲルやマルクスにあっては、それが「国家」からいっそう明確に区別されるようになり、「市民社会」は欲求と労働、市場と個別的利害の体系として理解されるようになり、一般に「市民からなる社会」という意味の用語が後景に退き、「ブルジョアジーからなる社会」という使い方が広くなっていった。資本主義社会では、「資本」と「労働」の対抗関係が基軸となり、単なる「自立した諸個人」ではなくその諸労働の「アソシエーション」によって、「労働権」「生活権」そして「社会権」がかち取られ、それによる「国家」権力の変革を媒介として「資本」が止揚されていく。

ところが、一九七〇年代頃から東側での「市場経済の導入」とともに、「市民社会」という語が見事なカムバックを果たすようになったとされるのである。一九三〇年代以来のソ連型の国家による上からの全一的な所有と計画・管理―市場経済の否認―自由と民主主義の疎外というその構造全体に対する批判のなかで、「市場経済化」は「民主主義」の回復とほぼ並行して肯定的に受け取られていった。そして、西側での干渉主義的（ケインズ主義的）「福祉国家」に対しても、上からの過度の規制と過重負担が限界に近づいていると受け止められるようになる。しかし、八〇年代後半以降になると多国籍企業・資本によるグローバルな市場経済化が地球上のあらゆる領域や次元にまで浸透し、「民主主義」に対する深刻な脅威と危機を引き起こすようになる。「国家に対抗する民主主義」（「独裁制国家あるいは介入主義国家」に対する批判が主軸となる）から、「資本に対抗する民主主義」（国家の枠組みを超えた「多国籍企業・資本のグローバルな市場経済化」に対する批判が主軸となる）への枠組みの移行が、今日にまで続く現在の課題にと替わっていく。

つまり、上述の二つの問題軸からなる論理的枠組は、資本主義の歴史的な展開とともにその内容も変化を遂げ、問題軸相互の関連のあり様とそれらの核心に浮上してくる「アソシエーション」などの課題をめぐる内実もまた転換してくる。民主主義論にとって二つの軸がなぜ「資本」と「労働」の対抗だけでなく、「人民・民衆」あるいは「市民」なのか、その意義を押さえつつ、その上でなお「さらに探究していくべき」論点として提起されていくことには、この資本主義の歴史的な展開のなかにおける位置づけの問題が関わってくるように考えるのである。「民主主義（デモクラシー）」は、ふつう政治学では古代ギリシャの用語にそくして「民衆（デーモ）の支配・権力（クラティア）」、「民衆の自己支配ないし自己統治」であるとされる。民主主義が「治者と被治者との同一」を原理的理念（福田歓一『デモクラシーと国民国家』岩波現代文庫、二〇〇九年、五八頁）とするならば、民衆の自己統治の能力の成熟によって、「国家」や「資本」の上からの権力と底辺からの民衆の「生活―世界」との間の乖離が不断に縮められていくことが、その内実を創りあげていくものになるであろう。J・ハーバーマスのように、「システム」（「国家」と「経済」）と「生活世界」（後にはそれをはっきりと「市民社会」と称されるようになる。『コミュニケーション的行為の理論』未来社、一九八五年、『公共性の構造転換』第二版序文、未来社、一九九〇年）とを分ける二元論的な社会理論が提起されてくるようになった理由も、またそのような処にあった。牧野氏は、この現代の「市民社会」概念とされるものが、その後の『経済学批判』体系のなかではどのように捉えられるべきかという問題を積極的創造的に提起され（牧野・三九〜四〇頁）、「物質的生活の生産様式」が「社会の経済的構造＝土台」を形成し、「政治的生活過程」「精神的生活過程」が「上部構造」を形成するとし、諸個人によって形成されるこれらの「社会的生活過程」が多様な諸集団・組織・団体によって担われている、という「過程」と「構造」が交叉してくるところに今日の七〇年代頃以降の「階級運動」「労働運動」と民衆の多様な「新しい社会運動」との協同・「アソシエーション」の特徴を求めようとされる。上記の「さらに探究していくべき」論点に具体的にアプローチしていこうとすると、このような資本主義の歴史的展開のなかにおけるその位置づけの問題にまず逢着せざるをえなくなるのである。

そのような視点をもって書評で出されていた諸論点を整理してみると、聴濤氏からは、なによりも「個人的所有」の問題をめぐって、「二〇世紀社会主義」では「生産手段が『共有』になっても『自分のもの』であるという『個人的所有』の実体も感覚もなかった」（聴濤・六頁）というところに焦点が合わされ、「個人的所有」が「歴史的事実にもとづくもの」であることを『経済学批判要綱』のいわゆる人類史の三段階における先資本主義社会にかかわる叙述によって説明され、また『資本論』Ⅰ巻二四章七節の「否定の否定」の論理（第一の「小生産者の私的所有」の否定と第二の「全生産手段を所有する資本主義的私的所有」の否定）にもとづいて、「個人的所有」の内実の回復に迫っていこうとされる。そして、「個人的所有」の現代的意味が「企業運営に労働者が参加する」ことに置かれようとする。そのさい、「より高次な未来社会、社会主義・共産主義」での民主主義の経済的基礎にかかわって、ふつう（私も含めて）マルクス『フランスにおける内乱』の叙述が引用される（「環境と人間をつくりかえる」「長期の闘争」「一連の歴史過程」）のであるが、これについて「運動がすべて、最終目標はない（人間が変わってしまうほど長くかかるので）」としたベルンシュタイン「修正主義」にも一理あったとされ、私にどう考えるかと質問されている。二〇世紀（拙著のⅡ部）および二一世紀（同Ⅲ部）の「アソシエーション」

についても、このような「個人的所有」論―「自立した諸個人」がとり結ぶ「社会の協同」の真の内実の回復ということを中心に置いて、聽濤氏年来の主張である「人間の発達」を軸に据え直したところからの総括と展望がうち出されようとする。その視点で、先資本主義―資本主義―社会主義・共産主義にかかわる上記の古典の叙述をも読み取っていこうとされる。

私は後で論じていくように、この「企業運営」の参加だけに局限されていったことが「二〇世紀社会主義」の社会経済上の最大の問題点（聽濤氏が挙げられるいわば社会政治上の問題、前衛政党組織論などの基礎にあった）と考えている。企業を含む多様な（生産と生活、政治、文化、そして社会の）諸組織・集団の「運営・管理」に対する「下から」の「外から」の民衆の拡充された「アソシエーション」による「社会的な制御」が必要である。そのことにはまた、生産諸条件・生産諸手段に対する「所有」とは相対的に分離された「運用・管理・経営」概念の位置づけの明確化が欠かせない。

この問題では牧野氏も、資本主義を内部から変革する運動にとってだけでなく、社会主義・共産主義を創りあげていく原理ともなる、その双方からの結節点に「アソシエーション」が坐ってくるという拙論に賛意を表され、「生産手段の社会化」として「生産手段の所有・管理・運営」を区別しないで主張しようとすると「人間の組織の問題」「経営に関わる人間の組織の管理・運営」が軽視されることにもなるとされる（牧野・四二頁）。そのさい、先のいわば水平的な「市民社会」型の「社会的生活過程」が「トップダウン」型の「資本―賃労働」の「支配・従属の対抗構造」と交叉してくる（つまり、両者の攻めぎ合いの場となってくる）多様な諸組織・諸集団の「運用・管理・経営」に対する相互に乗り入れた社会的な民主的制御が、現代の「アソシエーション」の内実として問い直されてくるからであろう。そして牧野氏は、「アソシエーション」をめぐる「訳語の問題」という形をとって、資本によって「コンバイン（結合）された」と労働者たちの主体的な「アソシエート（協同）する」との区別、また「アソシエーション」と同じ意味ではあるが「vereinen,Verein」（「連合する」あるいは「団結する」）という原語がもつ重要な内容上の違いを教示される。さらに「市民社会」概念に関わって、私が「共感を覚える」とした吉田傑俊氏にもふれつつ、「階級史観」と「市民社会史観」なるものについて詳論されていく。

碓井氏も同様に、資本主義システムの転換を構想するときの課題として、生産手段の「運用・管理」と「所有」については前者の民主主義的制御が重視されるべきこと、自立した市民と社会をつなぐ中間団体・組織を重視すべきである、とする拙論に賛成であると述べられ（碓井・二三〜二五頁）、その理論的な前提として拙著Ⅲ部を中心に、自由と平等、民主主義による実際の制度的実現、そのさいの諸組織や規範（「基準」ノルム―「規則」ルール）について哲学的考察を加えられている。そして、市民社会と市民の成熟が、社会主義の問題を含め社会のあり方を決める決定的要因であるとされ、「アソシエーション」を単なる理想ではなく現実的なものとするには、それが抱える矛盾とその解決のために（例えば、NGOやNPOなどの）各レベルでの地道な努力が必要であるとして、実践的な課題にそくした検討が加えられる。

なお、大谷禎之介氏のアソシエーション論（『マルクスのアソシエーション論』桜井書店、二〇一一年）については、「自立した諸個人のアソシエーション」として「個人・人間」を基軸に据え直して再構築していこうとしたその意義を評価しつつも、資本主義から社会主義への移行期（過渡期）における「商品生産・市場経済」についての積極的な展開がおこなわれていかない、という拙論のような批判に対しては三氏とも共通に同意することを表明されている。それで、その共通な同意の上でさらに「探究していくべき」積極的な論点に浮かびでてくるもの、資本主義をはさむ前後の移行期（先資本主義―資本主義―社会主義・共産主義）の歴史的な過程を跨いで、その「人間の発達」がどのような「生産諸条件・生産諸手段の所有や運用・管理」の下でなされていくのか、という問題を中心にしてさらに具体的に私見を述べ論議に供していきたいと考えた次第である。

Ⅱ 「人間の発達」―「客観的な生産諸条件」の枠組み

まず、ベルンシュタインにこと寄せて質問されていた「資本主義―社会主義・共産主義」の過程について、そのさいの結節環「アソシエーション」の内容が社会主義・共産主義の側から見ていくときどう論じられるべきなのか（拙著に詳しい引用をしているので筋書きだけ、三二〜三七頁参照）。そこでは、なによりも「国家権力」の転換「革命」によって、「生産手段、すなわち土地と資本」を取り戻し「自由な協同労働の純然たる道具に変えることによって、個人的所有を事実に」することである。その中央集権的な国家権力は、絶対君主制の時代に始まるものであらゆる旧い封建制秩序に纏いつかれていたが、フランス大革命によってそれらが最終的に取り除かれる。その後、「近代工業の進歩が資本と労働の階級敵対を発展」させ、「市民社会内部の分業が新しい利益集団をつくりだし」、その社会諸集団の「個別的利益」を「国家的利益」という形態で社会に対立させていく。「中央集権的な国家機構は、生きた市民社会にうわばみのように巻きついている（をからめこんでいる）」。

その「真の反対物は、コミューンであった」。それは「国家そのものにたいする、社会のこの超自然的な奇形児にたいする革命であり、人民自身の社会生活を人民の手で人民のために回復したものであった」。だから、その「アソシエーション」の目的も課題も変化して、国家権力の革命と生産手段の取り戻しということから、「政府権力を掌握することによって自分の運命の主人公となること」「労働者階級が社会的主導性を発揮する能力をもった唯一の階級」となり（それまでは「資本」がそれを持っていた）、「協同組合の連合体が一つの計画にもとづいて全国の生産を調整し、それを自分の統御のもとにおき、資本主義的生産の宿命である無政府状態と周期的痙攣（恐慌）とを終わらせる」ことに替わる。

だから、その新たな調整と制御のためには「長期の闘争を経過し、環境と人間をつくりかえる一連の歴史的過程を経過しなければならない」ことになる。とくに「そのためには分配の変更だけでなく、生産の新しい組織が必要であること、あるいはむしろ、現在の組織された労働にもとづく社会的生産諸形態（現在の工業によって生みだされた）を、奴隷制のかせから、その現在の階級的性格から救いだして（解放して）、全国的および国際的な調和あるしかたで結合する必要がある」。それは企業の枠組みを超えた、企業間、地域間、企業と産業の全体、全国、さらに世界の社会的生産組織を人間らしい主体的意識的な調整と制御の下につくり替えていく仕事である。

この社会的生産組織は資本主義によって生みだされたものであり、国家権力の「革命」によるその社会的労働と生産手段との再結合ということが、経済学批判体系＝『資本論』における「資本主義―社会主義・共産主義」のアソシエーションの目的であり課題であった。その「否定の否定」の論理は、「商品・貨幣」―「資本」の展開が無限に循環的運動をくり返すというものではなく（聽濤氏は「原理論」と呼ばれているが)、生産者と生産手段との「分離」(本源的蓄積)が始めにあり、終わりに両者の「再結合」(「革命」による取り戻し)があり、その歴史的過程においては「社会的主導性」をもつ要因(「原動力」)が「資本」から直接的生産者に逆転していく。そのさい、「第一の否定」では、「自分の労働にもとづく私的所有」は「労働者の手の熟練や工夫、自由な個性が磨かれるが(フランス語版)」、「この生産様式(「経営制度」フランス語版)は、土地やその他の生産手段の分散を想定する」「それは、生産手段の集積を排除するのと同じように、同じ生産過程のなかでの協業や分業、自然に対する社会的な支配と規制、社会的生産諸力の自由な発展をも排除する。それは、生産および社会の狭い自然生的な限界とのみ調和しうる」。そして「第二の否定」に向けて、資本の集積と集中とならんで「ますます増大する規模での労働過程の協業的形態、科学の意識的な技術的応用、土地の計画的利用、共同的にのみ使用されうる労働手段への労働手段の転化、結合された社会的な労働の生産手段としてのその使用によるすべての生産手段の節約、世界市場の網のなかへのすべての国民の編入、したがってまた資本主義体制の国際的性格が、発展する」。このような生産の物質的諸条件に基づいて、労働者階級の主体的意識的な協同(アソシエーション)がつくりだされ、それによって「資本」が止揚(第二の否定)されていくのである。ベルンシュタインの批判は、この「アソシエーション」をめぐる目的と課題の変化、そのさいの基軸となる土地や生産手段との相互関係、社会的生産組織のあり様を抜きにして、「人間の発達」だけを一面的に抽象的にとりだし、「人間が変わってしまうほど長くかかるので最終目標はない」として「国家権力の革命的転換」そのものを欠落させてしまうものであろう。

『資本論』全体の総括にあたるⅢ巻最終の「三位一体的定式」(資本家階級―労働者階級―土地所有者階級の分配諸関係と生産諸関係)にも、「資本」(生産手段)―利潤・利子、「土地」―地代、「労働」―賃金となって、なぜ「物」(Ding)が「貨幣や資本」の収入を生みだすようになるのか、なぜ「人格」(Person)が「物件化」(Versachlichung)するのか、そしてその自立化がさかさまに神秘化されて「物神崇拝」(Fetichismus)となっていく過程が論述されようとしていた(これらの用語の区別については、牧野・四〇～四一頁を参照)。労働によってつくりだされた生産手段のばあいには、剰余価値が平均利潤へと乖離して現実の労働の搾取の場から切り離され、資本による全部門・全領域への包摂とともに自立化・物件化が進展する。しかし、自然の大地など（労働過程論でも挙げられているように、水などを含んだ天然の資源や用具、道路や運河など一般的労働手段、一般に「コモンズ」といわれている）の物質的生産諸条件に対しては資本が利潤の下にその全てを歴史的経済的な形態で処理してしまうことはできない、「土地の所有に対する地代」が残存せざるをえない（「全生産手段を所有する資本主義的私的所有」ではない）。だから、大地をも含む客観的な生産諸条件・生産諸手段の下での「人格の物件化」をもっと大きい「人類史的視点」（三段階）でみていく、人間の物質代謝過程を「自然と結び相互に結び合うこれらの関連の全体」において、「資本主義的生産に先行する諸形態」――「資本主義」の移行のなかに位置づけていかなければならなくなる。

『経済学批判要綱』（一八五七〜五八年の草稿、以下の頁数は原書のもの）においては、①第一段階「人格的な依存の諸関係（最初はまったく自然生的な形態）」、人間的生産性は狭小な範囲と孤立した地点においてしか展開しない。②第二段階「物件的依存性のうえに築かれた人格的独立性」、一般的社会的物質代謝、普遍的諸関連、全面的諸欲求、普遍的諸力能といった体系が形成。③第三段階「諸個人の普遍的発展のうえにきずかれた、諸個人の共同体的、社会的、生産性を諸個人の社会的力能として服属させることのうえにきずかれた自由な個体性」（以上、九一頁）。第一段階では、土地所有と農業とが経済制度の基礎、使用価値の生産と共同体の成員としての個人の再生産が経済的目的。労働の主たる客観的諸条件は自然生的に現存、個人も自然生的な（あるいはその変形した）共同体の成員としてのみ定在。その下で、私的所有や個人的所有、また奴隷制や封建制などの第二次的な階級的所有も生まれるが、労働と客観的諸条件との自然生的な統合にもとづく人格的な依存の関係を変えるものではなかった。第二段階になって、労働と客体的諸条件の分離、資本と労働の完全な分離、自然生的な大地や個別分散的な労働用具そして共同体の狭い枠から人間を解放、自立した個人とその社会的な関係の全面化を生みだす。自然的な欲求の限界を超えた社会自体からうまれる絶えず拡大し豊かになっていく欲求、能力の包括的な一般性と全面性が発展。しかし、労働が生産手段から切り離されることによって、労働生産物および労働そのものが労働する個人から失われ、一方での他人のものとしての富の生産、他方での自分のものとしての「萎縮した労働能力」の生産。以前の目的であった使用価値と共同体の成員としての個人の再生産、その欲求と能力など「人間的諸力」そのものの発展（「人間内奥の完全な創出」）が全く「空虚」なものとなる。また、個人の自立性と社会的関連の全面化が、「物件に依存した人間と人間の関係」になる。

『資本論』「三位一体的定式」では、第一の否定の「自分の労働にもとづく私的所有（小土地所有）」について、それを土地所有者としての側面からみるのか・労働者としての側面からみるのか・資本家としての側面からみるのかが問われ、結局はそのさいの支配的な生産様式―資本主義、奴隷制あるいは農奴制、また共同体自体とその諸条件―によって規定されてくること、「生産の最終目的」（「使用価値の生産、共同体の成員の再生産」か、「価値・剰余価値の生産」か）も、「社会的主導性」をもつ「生産の直接的な原動力」となるものも、それに従って異なってくることが明らかにされる（原書、Ⅲ巻八三九頁）。逆からいえば、それは「自然の大地をも含む客観的な生産諸条件・生産諸手段の全て」との相互関係の中で、同様に第二の否定で挙げられる「労働過程の協業的形態、科学の意識的な技術的応用、土地の計画的利用、共同的にのみ使用されうる労働手段への労働手段の転化、結合された社会的な労働の生産手段としてのその使用、世界市場への編入と国際的性格」といった生産の物質的諸条件の下で、「個人的小所有」の移行も位置づけられていかなければならない、ということである（原書、Ⅲ巻八二六頁～、八三九頁、八八五頁～参照）。そしてそこには、メインとなる主要な生産様式の下で、その他の諸階級・諸階層および民衆・人民・ひろく人間全般の物質的生活がどのように包摂されて展開されていくのか、その方法論に対しても重要な示唆が与えられているように思われる。資本主義の生産様式のばあい、資本と労働の関係が主要なものとしてその「社会経済構造・内部組織」の「科学的分析」がおこなわれるが、その「論理的なもの」は上述したように永遠に循環するものとしてではなく「生成」と「消滅」がある、その上でそれらの諸生産様式の間の継起・移行にあっては、「生産の目的」も「社会的主導性・原動力」も主要生産様式の如何によって違ってくる（位相の転換）、そのさい基盤となる「人間生活の物質的諸条件」「社会的生産諸力」がそれぞれの前提となり結果となってそれが継続されていくわけであるが、支配的生産様式の下でそれが歴史的・経済的に包摂されていく形態はそれぞれで異なってくる。資本主義のばあいは、先にふれた「社会的組織の経営制度」や「諸個人が彼らの生活の再生産過程で取り結ぶ一定の社会的諸関係」（原書、Ⅲ巻八三五頁）「人間がその社会的生活過程において、その社会的生活の生産において、とり結ぶ諸関係」（Ⅲ巻八八五頁）が特有の拡充した社会的形態をもって現れるようになる、そのような「生活の過程」と「構造の資本―労働の諸関係」とが交叉しせめぎ合う、という現実の具体的な媒介環のあり様が改めて問われざるを得なくなったのではないか。

牧野氏は、「資本に対抗する民主主義」がもつべき重要な現代的課題として、「環境民主主義」や「気候民主主義」の意義を追加して論点に挙げられる（牧野・三二～三三頁）。私もその通りだと思う。ただ、それらを拙著Ⅲ部「ラディカル・デモクラシー」批判の形でしかふれえなかったのは、冒頭で記した「民主主義」の展開と「市場経済」との連関を「経済学的な視点から」検証しなおす、という私たち経済学研究者に課されている固有の役割からみるとき、今はまだようやくその入口に立ったばかりではないか、なによりも全体の枠組みの課題設定自体にかんする論議が必要なのではないか、と考えたからである。本稿の論議もその一環をなすものであろうが、「環境危機」や「気候危機」が人類の生存の岐路に関わるようになった現段階における「民主主義的変革」がもつ新たな中・長期的な戦略的意義、その移行の過程（過渡期）における拡充された「アソシエーション」の内実について、もっと本格的な論究が協同して広くおこなわれるべきではなかろうか。私もその後、環境危機との関連で社会経済関係の民主主義的変革が以前とは違ってどのように取り組まれていくべきか、という問題意識で国連「ＳＤＧｓ」にそくして考察を深めてみようとした試論（「民主主義的な『企業の変革』を」『日本の科学者』二〇二二年八月号）を世に問うた。併せてご批判頂ければ幸いである。

同様なことが、「市民社会」概念をめぐる牧野氏の問題提起にかんしてもいえるように思う。私が吉田傑俊氏の所論に依って、マルクスにおける用語「市民社会」がもつ内容（三層）の整理としては「もっとも共感を覚える」とし、いわゆる「市民間関係・市民社会史観」と「階級関係・階級史観」が両立してそれらが内在的な相互関係にあるとしていた（「いちおうの整理」と断って）ことに対しても、さらに検討を要するとされる。そして、マルクスはその後、「史的唯物論（『ドイツ・イデオロギー』）」――『経済学批判』体系の「導きの糸」としてのその発展のなかで、この両義性を解消し、統合して「社会主義・共産主義」を「人間的社会」として「市民社会＝ブルジョア社会」と対置させるようになる、と強調されている。確かに、「史観」

という言葉で語るかぎりは「史的唯物論」として統合して論じられるべきかと考えられるが、重要なのはそのさいの内容であって、先に『フランスにおける内乱』で見ておいたように、「市民社会内部の分業」がつくりだした「資本」―「労働」の社会諸集団の「個別的利益」が「国家的利益」という形態で社会に対立させられるようになり、国家が「生きた市民社会をからめこむ」、その「真の反対物がコミューン」で、それは「国家そのものにたいする革命」であり、人民自身の社会生活を人民の手で人民のために回復したもの」であった。そのような「生成」―「発展」―「消滅」の運動をする矛盾を内にかかえた「内部組織」「社会経済構造」の連関の総体を分析し、現在がその移行過程のどの段階なのか、その「国家に対抗する民主主義」と「資本に対抗する民主主義」のための「アソシエーション」はどのような内実をもたなければならないのか、その現実の実践的な課題をめぐる内容がなによりも重要になってくる。牧野氏も、先の「過程」と「構造」の区別と連関という積極的な課題提起と併せて「さらなる検討」を要請しておられる。他の研究領域、なかんずく哲学研究者からの「用語」の厳密化を含めたさらなる総合的な論議を期待したい。

Ⅲ　拡充された「アソシエーション」の内実をめぐって

「生産手段の市場化」は、前章の「人間の発達」―「客観的な生産諸条件」の関連全体にかかわる諸問題を表に浮かびあがらせることになる。聴濤氏は、拙著Ⅱ部にかかわって、「あえて私の言葉で要約的に述べる」（聴濤・一一頁）として次のように書かれる―「二〇世紀社会主義」の経済的側面の総括として「市場経済化が救世主として絶対化された。その第一段階は「生産物の市場化」である。それをすすめれば第二段階として「生産手段の市場化」に行き着かざるをえなくなる。社会主義の崩壊である」と。また、―「自立した諸個人」を基礎において、それぞれの企業に即した「アソシエーション」の力によって改革するという民主主義的改革にならなかった」ところにその失敗の原因があるという「総括に同感である」と。だが、この表現に私との微妙な違いがあり、それがこの新たな段階における拡充された「アソシエーション」の内実の理解にとって基本に関わる論点をなしてくるように考えるのである。

引用した前文において「社会主義の崩壊」とあるのは、正確には「二〇世紀型社会主義の崩壊」あるいは「二一世紀型社会主義への転換」であり、後文では「企業の狭い枠組み（旧来の「国家―企業―労働者」の垂直的な統合の枠組み）にそった「労働者の自主的管理」だけで、それを支える「市民社会的な基盤」をも包摂する社会経済構造全体の民主主義的変革にならなかった、というところに失敗の原因があったと私は主張したいのである。聽濤氏は、旧ソ連・東欧型「労働者の自主的管理」の失敗について拙著のような批判的分析の内容には同意を表されつつ、他方でA・ノーブ、Ch・ベトゥレーム、J・ローマーら西側の新たな理論展開には「どれも全面的な市場化を前提にしたもの」「社会主義の定義を変えるもの」として「ソ連・東欧の改革とは本質的に変わるものではない」とされる。

この点が、決定的に違う（拙著Ⅱ部五章、そして上記『季刊経済理論』誌論稿でのより詳しい説明を参照）。その要点だけを記すと、まず背景として次のような状況がくり広げられていた。「生産手段の市場化」は、確かに旧「社会主義論」では支柱とされてきたことと矛盾するものを生みだすようになる、もともと市場経済は原理的に「私的所有」としか両立しえない、「経済改革」は砂上の楼閣だった、とするような主張が東側の多くでなされてくる。しかし他方で西側の多くからは、市場経済と社会主義とのつながりを「所有」の次元だけで分断してしまう（あるいは反対に「所有」とは全く関わりのない手段的なものとしてしまう）やり方を批判して、現実に資本主義・市場経済の矛盾を克服していくという展望の立場から見ていくとき、それへの移行における「実現可能な社会主義」（ノーブ）にとっての、「市場経済をベースとした利用と制御」のあり方として論じられるべきだ、という有力な主張がなされてきたのである。その背後には、七〇年代頃からの発達した資本主義諸国における「自由・民主主義をつうじる社会主義」「市場経済をつうじる社会主義」への新たな路線探求の動きがあった。国家による権力主義的な変革に止まらず、社会経済構造の全体にそくして企業や個人の次元からも、自由と民主主義をどのように成熟させていくのか、という二一世紀に向けての共通した世界史的課題意識が次第に強くなっていくのである。

この市場経済化の第二段階は、一九八〇年代以降「資本」のグローバル化と「国家」の枠組みを超えた変容ということと一体となって進展していった。「小さい政府」と「新自由主義」政策の下で、異常に肥大化した貨幣―金融を主導とする多国籍企業・資本の蓄積と循環が全世界を覆うようになり、「金融化」と「投機化」が進む。従来の国家による「マクロ経済的調整」制度の弱体化と解体、他方では、賃金の抑制と社会保障の削減、失業と非正規雇用の拡大、格差と貧困など、これまで獲得されてきた「社会的保護」制度（「福祉国家」）の衰退と解体がもたらされていく。「労働」と「生活」の根源にまで市場経済化が浸透し、人間としての権利と尊厳を深く傷つけるようになって、「民主主義」に対する深刻な脅威と危機を引き起こそうとしている。「市民社会」の回帰とされる第一局面（「独裁制国家あるいは介入主義国家」に対する批判が主軸となる）から、第二局面（「グローバルな市場経済化」に対する批判が主軸となる）への枠組みの移行が、現段階の課題となってくる。

「市場経済」の導入が、客観的な「生産手段」の「所有や利用・管理」の下で―主体的な「労働・人間」の在り方とどう関わってくるのか、という問題に真正面から応えていこうとしたのが「市場社会主義論の新たな段階＝第五段階」を自称するアメリカのJ・ローマーらの試みであった、と私は考えている。それは、なによりも生産手段に対する「所有」の次元と「利用・管理」の次元を区別し、後者の「管理・経営」主体の自立性と効率性のダイナミズムをいかに保証していくか、「資本」がつくりだした「人間生活の物質的諸条件」「社会的生産諸力」をどう受け継ぎ発展させていくか、ということを前提にするものであった。そのうえで、二つの問題軸をもっていたと整理することができる。一つは、それに対して関係者（ステイクホルダー）全員の「下からの」「外からの」（「民衆・国民」、「労働や生活」「社会」「自然環境」からの）広いコントロール・社会的民主的制御を与えようとする。もう一つが、それと結びつけて「平等化」のレベルを漸次的に段階的に高めていって、労働―人間疎外を克服していく（ディーセントな）手掛りを得るというものであった。まず「利潤」の分配からくる不平等が課題になる、ついで「労働におうじた」基準―「欲求に応じた」基準へと重点が移されていく。

ローマーらの展開では、現代企業における普遍的な形態＝株式会社のような「所有」と「経営」の相対的な分離の形態が全体のメインに置かれて説明されようとしていたが、この「所有」から相対的に分離された「経営・管理」に対する社会的民主的制御という原則的な置き方は、その他のあらゆる企業・組織の場合にもまた共通するものとされる。そのさい重要なのは、企業を含む多様なあらゆる組織・集団が自立した存在であって、それらがお互いに対等・平等な立場で協議をおこない（パートナーシップ）、双方の自律的な基準（ノルム）と規則（ルール）を共役化・協同化

（アソシエーション）しながら重層的に新しい「規範制度」の仕組みを構築していく、それが現段階における拡充された「アソシエーション」の内実となってくるのではないか。市場経済を共通のベースとしながら、「資本」（多国籍企業を主導とする）はつねに集積と集中、分断と格差化をはかり、あらゆる組織・集団を一方的に切り捨てたり支配―従属関係に取り込んだりしようとする。これに対抗する「あらゆる自立した諸個人―諸集団」の協同した連帯のあり方、民主主義的変革の現段階における「アソシエーション」の特徴はここにこそある、と考えるのである。

この段階で広く出現するようになる「NGO非政府企業・組織」「NPO非営利企業・組織」にも、このような原則（一方で政府・国家からの自立性、他方で営利・利潤からの自立性）が共通して典型的に見出せるように思われる。物質的生産の領域にとどまらず、生活・福祉、保育・教育・医療さらには社会・文化・情報などの領域の諸企業・組織においても、「資本」による包摂過程が進み、擬制的な「社会資本」「文化資本」「知的資本」の支配に対抗する協同の「アソシエーション」の構築が必須となってきている。情報化の進展は、コミュニケーション過程と生産的領域の新たな融合の課題を促す。さらに世界全体では、発展途上諸国で非資本主義的・先資本主義的社会秩序のなかにある多くの企業・組織にあっては、その「生活・労働」と結びついた「小営業・経営」をどう擁護し発展させていくか、という課題に直面している（前章での歴史的過程における位置づけの問題を参照）。そこでは、「家族経営」という「所有」＝「経営」＝「生活・労働」が未分化のままで一体化したものが起点となり、やがてそれぞれの機能が分化していって小営業・企業の生成につながっていく一連の歴史的過程が基礎にある。その「内生的」な発展を主軸に据えなおして、「外生的」な多国籍資本と対抗していく。

この「アソシエーション」の内実や「個人的所有」の再建の問題をめぐっては、碓井氏や牧野氏からも貴重なコメントを頂いているが、この章で論じてきた現段階におけるそれらの位置づけや意義内容については、私と大きくは違わないように受けとめた。残された紙数が無くなったので、ここでは今後の論議で留意したいと私が考える論点だけを箇条書き的に挙げておくだけでお許し願いたい。

牧野氏は、「個人的所有の再建」について（「否定の否定」に関わって）、大谷禎之介氏の「直接には生産手段の『個人的所有』であって」「生活手段の『個人的所有』も含まれる」という解釈を批判され、前章でも論じた「人間の発達」――「生産手段」の間に介在する「生産手段の所有」「生産手段の管理・運営」「生産組織」などの諸関連の全体のなかにおける「個人の自由な発達」、つまり「諸個人が共同で利用する生活手段の社会的所有」「多様な個人の多様な生活手段の個人的所有」が説かれていく。私も牧野氏の批判のとおり、「個人的所有の対象がどちらか」という問題設定の仕方だけでは一面的に矮小化されて、全体の連関の枠組み問題が欠落してしまう危惧を感じる。なお、『フランスにおける内乱』にある「個人的所有を事実にする」「労働の果実の真の所有者に転化する」という私の引用をめぐって、おそらく「労働の果実＝生産物」とするのは同様な矮小化ではないか、という批判かと思われる（はっきりとはいわれていないが）。私も、その用語を労働・人間疎外の全体（『経済学・哲学手稿』の四つの）の意味で使っており、とくに『フランスにおける内乱』では、農民的所有の物質的基礎（孤立した労働、生産手段は細分され分散された生産手段）と産業プロレタリアートの物質的基礎（大規模の組織された労働、集中された生産手段）とが対比され、農民的所有は「その正常な段階、農民的所有が現実であった段階、農村の生産者そのものを正常な生活条件のもとにおくことができる生産様式であった段階を越えて、衰退期に入っている」、コミューンは「農民の名目的な土地所有」を「彼ら自身の労働の果実の真の所有者に転化する」ことができ、「真の独立生産者としての農民の地位を破壊することなしに、近代農学の恩恵に農民をあずからせることのできる唯一の政府形態である」（邦訳・大月書店版、一七巻五二二頁）として、「否定の否定」と同じ諸関連の全体の中で述べられている、と理解しているからである。

碓井氏も同様に、「二一世紀社会主義」と民主主義のあり方をあつかった拙著Ⅲ部を中心にして、市民社会的基盤と連動していく「アソシエーション」の内実について、私とほぼ重なるような方向で哲学的考察が深められているように受けとった。ただ、そのなかで荒木武司氏の議論を「大変有益」として依拠され、「アソシエーション」の定義ないし特徴を三つに分けられる（国家と個人の間の中間組織であるが、①「任意的」「自発的」なもの、②「相互扶助・連帯」「防衛的」なもの、③「抵抗の組織を超え、来るべき社会主義の萌芽形態を展望するもの」、碓井・三二頁）。しかし、前章で検討しておいたように資本主義の下での「アソシエーション」の概念には、「資本」との対抗と「国家権力」の「革命的転換」と「生産手段の取り戻し」という中心的内容が欠かせないであろう。荒木氏は、これに基づいて結局「マルクスは階級論だけで民主主義論には至りえなかった」とされていくからである。

最後に、聽濤氏は、「アソシエーション」という基礎構造が「実現可能な社会主義」でどう具体的に現れるのか、わかりやすく提起することを今後の課題として求められている。私もそのように考え、その手掛かりの一歩として上記『経済理論』学会誌の論稿を纏めてみたのである。その「おわりに―グローバル化と民主主義の制度転換」のところに二頁ほどでそれを要約しているのであるが、今後の具体化にとりかかる基本的な方向性として、併せて論議いただければ幸いである。詳論する余白が無くなったが、その要点は、先にもふれた「自立した諸個人―諸集団の拡充したアソシエーション」が基礎となり基軸となって構築されていく重層的な規範制度（基準「ノルム」と規則「ルール」）にある。「利潤率」「利子率」を制御していく「ディーセントな（人間らしい）」生活―労働主体の「賃金率」「雇用基準」「労働基準」「生活保障基準」が次第に主導性をもつようになる。その「労働権」―「生存権」、「社会権」の諸基準、さらに「自然環境」の諸基準が優位に立つような変化が生まれる。それらの多様な多層な構成諸集団―企業・組織にあっては、「諸主体の自発性・自立性・自由」が基軸となった基準・規則が現実に機能しており（「特有な・特殊的な基準」）、その上で異なった各集団の間の関係が「自立した諸主体の対等で平等な民主主義的原則」にもとづいて基準と規則、制度の共約化・共通化がおこなわれていく（社会全体に通じる「一般的な・普遍的な基準」、全国一律の最低賃金率、労働時間・労働条件基準、生活・福祉基準、など）、という民主主義的原則による協同（アソシエーション）の拡充の仕方である。したがって、産業部門や地域での再生産―循環過程のより高いレベルに向けて基準や規則が重層的に形成されていくさいにも、資本主義の利潤率の形成プロセスとは逆になってくるであろう。異なった産業部門における「特殊的利潤率」が「平均利潤率」に転成していって姿を消してしまうのではなく、質的量的に違った社会的使用価値にねざした「特殊的利潤率」がむしろ全体を貫き主導して基準が積み重ねられていく。しかもそれは、これまでのようなトップダウンの直接的指令的な仕方ではない、パートナーシップにもとづく間接的誘導的な規範の制度を媒介にしている。このような民主主義的原則が、国家と国家の間の関係においても、近代的「国家」の止揚の過程においても貫かれていかなければならないであろう。

（あしだ ふみお・立命館大学名誉教授・経済学）

論文

現代哲学による実在論と存在論の諸相
——社会と主体に対する実体の離合・抵抗・断層——

田井 勝

「わたしがわたしでないみたい」

わたしの友人は、妊娠したときのことをそう回顧した。わたしのなかにべつの生命がいる。意図せず趣味趣向も変わった。いともたやすく崩れる同一性。まるでガラスでできたコップのよう。では、割れたコップはもう、コップではないのだろうか。人間とはなにか、存在とはなにか。この神秘は、古くて新しい哲学的課題である。

1　問題提起

一九六〇年代、現象学を基盤とした構築主義や、言語論的転回を経て築き上げられた構造主義が覇権を握り、七〇年代後半には構造を脱構築していくポスト・モダンと呼ばれる観念論的なアプローチが主流となってきた。この理論的潮流が現代社会に与えた影響ははかりしれない。たとえば、ポスト・モダンはメディアに影響を及ぼし、アイロニー化、欲望肯定、ポピュリズムの進行に対する理論的背景となってきた(1)。

それに対して、現代では、こうしたパラダイムを乗り越えようとする知的潮流が生じている。それが、実在論であり、多様な学術的潮流からこの議論を再検討する必要性が提起されてきた。

こうした潮流の一環として、九〇年代、デランダとブライドッティが別々の文脈で「新唯物論（neo-materialism, new materialism）」を提唱した。この二人は、ドゥルーズをその理論的バックボーンに据えている。また、新唯物論を名乗るメンバーにはフェミニストが多い。かの女たちは、フェミニズムがジェンダーという表象にとらわれすぎていることに懸念を示し、セックス（物質）も能動的に作用し、両者が相互作用して存在が形成されていると主張している。たとえば、閉経はジェンダーに対するセックスからの反逆であり、ジェンダー・トラブルは身体からも積極的になされるのである。(2)

同時期、人類学からもストラザーンなどが存在論的な研究手法を提起するなど、「静かなる革命」が進んでおり、二〇〇七年にヘナレ達によって人類学の「存在論的転回」の宣言がなされた。(3) 人類学は、認識論ではフィールドワークが観察者の認識に支配されてしまうという問題を長年の課題として議論していた。そこで、コペルニクス的転回として、「thing を通してかんがえる」ことを提案し、事物の数だけ存在論＝分析フレームがあると主張している。事物自体に複数の意味があり、人類学はそのモノのもつ複雑性を捉えているのだとした。

哲学界では二〇〇七年にロンドン大学で「思弁的実在論（speculative realism、以下ＳＲ）」についてのコロキウムが開かれ、実在論の可能性が議論された。その中には「オブジェクト指向存在論（object-oriented ontology、以下ＯＯＯ）」の創設者でもあるハーマンもいた。二〇一一年にはガブリエルとフェラーリスが「新実在論」を提唱し、実在論がますます勢いづいてきた。

以上のように、実在論は様々な分野において再検討されているが、その問題意識や出てきた背景は異なっている。いずれも観念論による理論上の限界や制限を乗り越えようとして登場してきたのであり、唯一の共通点は、観念論の立場ではなく実在論の立場に立つということだけである。本稿では、現代哲学における実在論の台頭を踏まえ、数ある実在論が提起している主要論点の整理をし、社会科学への展開可能性をかんがえる。

2　実在論のふたつの論点

そもそも、実在論とはなんなのだろうか。

教科書的には、実在は、心とは無関係に存在することと定義される。存在とは抽象的なあることや具体的なあるものなど多重的な意味を持つものであり、実体はその存在を存在たらしめる本質といった意味でつかわれる。以上のことはアリストテレスの『形而上学』的な定義であり、各論者はそれらをどのように捉えるのか議論している。

実在論の議論は大きく分けて二つある。ひとつは、「存在、実体とはなにか」である。これはアリストテレスが第一哲学とよんだもので、存在論とよばれてきた。ふたつ目は、「わたしたちは実在に対してどのようにアプローチができるのか」である。これは認識論とよばれ、中世までは存在論とは区別され議論されてきた。ところが、カントは前者の存在論さえも認識論へと置き換え[5]、存在論を認識論へと従属させてしまった[6]。カントによると、世界は人間の認識能力によって制限的に認知されるため、存在としての「物自体」は認識できない。カント自身は物自体を思考可能としたものの、今日支配的なのは、思考そのものも不可能とする立場である[7]。このような思考する人間との相関を離れて、存在へアクセスすることはできないとする立場をSRのメイヤスーは「相関主義」と呼んでいる[8]。実在論の大きな論点はこの認識論にある。

また、現代哲学における「実体とはなにか」という存在論は、人間中心主義の脱却を問題意識に据えられていることが多い。実体がもたらす存在や社会や人に与える影響とはどのようなものなのかという視点は、社会科学に大いに役立つものと思われる。

そのため、本稿では、3節で実在論者による実在へのアプローチは可能なのか、またどのように可能なのかといった議論を紹介する。4節では、各実在論の問題意識とその存在論の概要を検討する。そして5節にて、モノを中心と

①実在へのアクセスを強く意識

思弁的実在論
- カンタン・メイヤスー
- イアン・ハミルトン・グラント
- スティーブン・シャヴィロ
- レイ・ブラシエ
- ユージン・サッカー

オブジェクト指向存在論
- グレアム・ハーマン
- イアン・ボゴスト
- ティモシー・モートン
- レヴィ・ブライアント

新しい実在論
- マウリツィオ・フェラーリス
- マルクス・ガブリエル

②存在論を中心に議論

新唯物論
- ロージ・ブライドッティ
- マヌエル・デランダ
- ジェーン・ベネット
- カレン・バラッド
- ダナ・ハラウェイ

人類学からの実在論
- ヴィヴェイロス・カストロ
- エドゥアルド・コーン
- フィリップ・デスコラ
- ブルーノ・ラトゥール
- マリリン・ストラザーン

図表1　実在論の関心と分野による分類[4]

注：①と②をともに論じていることが多いが、実在へのアクセスに対する意識の強弱で筆者が分類した。

した社会科学への展開可能性を考察する。

3　カントの認識論というアポリア

カントの認識論はあまりに強烈で人間中心主義的であり、それゆえに乗り越えるのが大変難しい。本節ではそのアプローチを類型化し諸論点を整理する。

3-1　身体から実在をかんがえる

ドレイファスとテイラーは、わたしたちは世界とともに意味や知覚を作り上げているという「接触説」を唱えている(9)。わたしたちは、表象が生じる以前の運動志向性により実在と根源的な関与をしており、赤ん坊が試行錯誤をしながら実在との適切な対処活動を学びつつ表象志向性を形成するように、知覚や意味は世界という全体論的な背景のもとでようやく成り立つものなのである。もちろん世界の全体像は明示的には与えられてはいないが、わたしたちはその関与のなかで対象を開示していくことができる。その開示方法は多様であり、科学的と呼ばれるような活動においては、どこからでもない眺めに至ることも可能であるが、宗教的な実践において現れるような聖なる光を放つといった古代エジプト人による金の本質的特徴には至れない。このように接触説は実践によって対象の開示が異なるという多元論的な実在論の立場に立っている。かれらは相関主義者に対し、知覚を過小評価していると喝破する。知覚はそう簡単に信念を形成させてはくれない。なんども対象に対して実践を行うことでようやく信念を形成できるのであって、やすやすと妄想の世界に取り込ませてはくれない(10)。

図表２　論者別実在へのアクセス方法

	主観主義	コンテクスト・全体主義		思弁主義	
	現象学	新実在論	人類学	SR	OOO
学者名	ドレイファス＆テイラー	ガブリエル	コーン	メイヤスー＆ブラシエ	ハーマン
実在へのアクセス方法	身体からの接触	意味の場	記号論	科学（数学）	美学

3-2　コンテクスト・全体から実在をかんがえる

接触説の「意味は世界という全体論的な背景のもとにて成り立つ」という主張をさらに推し進めたアプローチがある。その代表がガブリエルと人類学者のコーンであろう。ガブリエルは、そもそも基層（実体）といった実在があるのではなく、「意味の場」というコンテクストに依存した対象領域において、存在が現れてくるという実在論を打ち立てている[11]。実在の現象形態が変化することもまた実在であり、知覚による錯覚などではないとしている。彼自身は世界という全体は無いと全体論を否定してはいるが、コンテクスト主義であるといえるだろう。

コーンは、全体論的な記号論として、相関主義を乗り越えようとする。その方法として、実体とは記号過程であると主張する。川の流れが生む渦は、記号過程のなかで規則性が増加し、その規則性＝習慣を自己目的的に獲得するようになったとき、実体化する。自己も当然その過程のなかで生じる。そしてあらゆる経験も思考も記号によって媒介されている。この媒介は認知不可能性ではなく、知ることの可能性の基礎となる。たとえば、赤色が盲目の人にいかに経験されるのかは、記号のイコン的アナロジーとして、トランペットの鳴り響く音に対して抱く情動と似ているというような理解が可能である。それがいかに根拠薄弱であろうが、何かを知ることはできるとし、実在へのアクセス可能性を示す[12]。

3-3　思弁から実在をかんがえる

メイヤスーは、接触説などのような人間の意思や知覚や情動等を絶対化するアプローチ方法を「主観主義」として批判する[13]。主観主義は身体や言語など「相関メディア[14]」に頼っており、結局その相関メディアはなぜ成り立つのかという超越論的な条件は思考不可能なままだからである。また、コンテクストや全体論的にかんがえると、部分が関係に回収されてしまう危険性があるとデランダやハーマンは批判する[15]。ドゥルーズ哲学者の千葉は、このような全体性を「存在論的ファシズム[16]」と呼んでいる。

それではわたしたちはどのように存在をかんがえればよいのだろうか。メイヤスーは充足理由律という、存在するには理由がなければならないという前提を置くこと自体が間違いであるとかんがえる。なぜなら、充足理由律を措定すると、存在の理由は無限退行するか、存在Xは自己原因＝Xの規定のみで存在するという「独断的な形而上学」に陥るからだ[17]。そうならないためにかれは、「理由の不在を思考の限界とするのではなく、理由の不在が存在者の究極の特性である[18]」と逆転の発想をする。そもそも存在の究極的な特性は理由がないことなのだ。しかし、理由が不在であることと実在へアクセスができることはどうつながるのだろうか。メイヤスーはこれを、ヒュームの懐疑論をさらに推し進めることによってつなげていく。

　ヒュームの懐疑論とは、因果律などありえないというものである。ビリヤードのボールを何回おなじように打っても、その因果関係は人間が勝手に決めつけているだけで、次の一回は異なる動きをするかもしれないという懐疑を拭い去ることはできない。この懐疑論は現象主義や実証主義といったような観念論者とされる者たちによってよく使われるロジックである。ところがメイヤスーはそれを批判するのではなく、むしろ押し広げていく。ヒュームのいうとおり、理由がないということはなんでもありうるということであり、ボールはどのようにでも動きうると主張するのである。千葉はこれを、「思考不可能な物自体……を消去するために、変転する思考を実在に一致させる。想像の暴走を、実在の暴走に一致するまでに強く相関させる[19]」と評している。わたしたちが想像することは実在しうる。こうして思考は実在へとアクセスする権利を得るのだ。しかしながら、なんでもありうるということは、矛盾も包摂されるということではない。矛盾した存在は*A*も*non-A*も含むので、完全で必然的な存在となり、理由律の世界となってしまう[20]。絶対的な存在がいない、存在Xというような自己原因となりうるものを否定するには、矛盾した存在を許容するわけにはいかない。ゆえに、無矛盾律という思考も担保される[21]。わたしたちはなんでもありでありながら、思考の手段を手に入れることができたのである。

　それでは、なぜ、なんにでもありえるのに、法則が明日にでも変化しないのだろうか。かれは、変化するという確率論が適用されるには、可能的な事象の数が前提されなければならないが、カントールの定理によって数は非全体化であることが証明されているため、単純な確率で法則が変化することなく、世界は安定性を保っているのだという[22]。そのため、いままで獲得してきた法則などの知見は維持されることとなる。

　メイヤスーは懐疑論というもっとも相関主義的な論理を逆手にとり、思考のアクセスの可能性を担保してしまった。ただし、簡単には変わらぬ因果関係や法則についての思考が妥当であるかどうかは、まだわからない。ここまでは思考が実在へアクセス可能であることまでしか示せてはない。かれはその実在へのアクセス方法として数学を挙げているが、その論証は今後の課題とされている。ところで、SRのブラシエも実在へのアクセス方法として数学を挙げている。かれによると、主観主義では原初的な表象の記述ができない。なぜなら意味以前の表象が言語によってジャックされてしまうからだ。そこで、現象に対応する機能的相関を数学的に解説することができれば、論理的な同一性は担保されると主張している。[23]

SRは、以上のように思弁によって相関主義を乗り越えることができるとする立場であり、メイヤスーとブラシエはその中でも科学の妥当性を哲学はいかに担保できるのかと議論している。

一方、OOOのハーマンは、形而上学を擁護する。かれによると、カントの物自体の問題は人間に限定したことであり[24]、そもそも全ての対象が他の対象と関わることができない。そして、対象同士は間接的なアクセスしかできず、比喩的な形でしか関われない。まさにそれは「美学」であり、美学をとおして実在へと間接的にアクセスできるのである。OOOの存在論は次節で詳述する。

3-4 小まとめ

カントの相関主義を乗り越えるにはどうしたらよいのかという問いは現代哲学の大きな課題であった。その潮流の一つは、主観主義的解決である。知覚や意識などを前提としつつも、それらが実在といかにして主客合一になるかをかんがえるものである。知覚と意識が前提とされているところにメイヤスーは「超越性」があるとし、この解決策を唾棄すべきものとみなす。

一方、コンテクスト・全体論的な解決では、その全体という超越的存在の措定や、存在論的ファシズムの危険性が批判される。

他方、SRは思弁によって実在へのアクセス可能性を示そうとするが、その中でも科学の妥当性を担保しようとするものと、形而上学的にアクセス可能性を示すものがいた。[25]しかし、思弁という論理によって存在論的結論を導き出すことは観念論の再導入ではないかという批判[26]、OOOは超越性を対象そのものに移しただけではないかという批判がある。[27]

以上、どれもが社会科学の実在論的な展開可能性を担保するための大前提の議論であり、哲学の必要性の一端が示されている議論であろう。しかし、その議論はまだ途上であり、今後の展開がまたれる。

4 存在論の潮流

前節では相関主義をいかにして乗り越えるのかという議

論をみた。本節では心の外に世界があるという実在論だけではなく、そもそも実体とはなにかという議論に焦点をあてていく。なかでも大きな潮流となっている新唯物論、人類学による存在論、OOOのみっつをとりあげる。

4-1　新唯物論

唯物論といっても、史的唯物論、弁証法的唯物論、科学的唯物論、排除的唯物論など多種多様である。本稿では新唯物論を取り上げるが、唯物論の特徴は物質に実体の基礎を置くことである。そのためにまず、物質についての前置きをしておく必要があろう。

4-1-1　物質の定義をめぐる論争

唯物論には物質の定義をめぐる多くの論争がある。それは、物質は実在であるというその第一次性のみを定義するべきというものから、性質の束の時間的な連続性・一貫性を保つもの、または運動性や自律性をもつものといった積極的な定義づけをするようなものまで多岐にわたる。また、定義付けすることそのものが抽象であり、形而上学だという批判もあり、物質をめぐる諸概念も一筋縄ではいかない。

歴史的には、アリストテレスの時代はその運動のエネルギーが外部に依存するとかんがえられていたため、ニュートン力学は機械的唯物論となった。一方で、シェリングのように超越論的に自然の生産力というものを仮定してそこから実在が生産されるといったような力の所在をめぐる議論もされていた。それが量子力学により、物質がエネルギーとなり、エネルギーも物質となることが判明し、物質そのものに多くの力を認めることが可能となった。

4-1-2　量子力学による実在論

理論物理学者のバラッドは量子力学の知見から、物質を固定的な性質ではなく、進行中の物質化における現象としている。(28)

たとえば、二重スリット実験では、光は実験室の装置の配置によって粒子にも波にもなる。ハイゼンベルクは観測が影響を与えてしまったのだという認識論的原理の不確実性原理（uncertainty principle）を主張し、ボーアは特定の装置の配置によって特性が定まるという存在論的な不確定原理（indeterminacy principle）を唱えた。バラッドはボーアの立場を取り、実体とは「もつれ」のことであるとする。個体が相互作用の前に存在するのではなく、個体は絡み合った相互作用を通じて、またその一部として

図表３　分野別存在論の特徴

	新唯物論	人類学の存在論	OOO
問題意識	反本質主義	反人間中心主義・反文化相対主義	反関係主義・反全体主義
実体論	差異によって実体は生じる	関係によって実体は生じる	直接的に関わらずとも実体は生じる
存在論の特徴	部分は全体に取り込まれない	実体は多義的である	実体には知ることのできない創発がある

注：この類型に入らないものもいる

出現する。このような実在論をかの女は行為体の実在論（agential realism）と名付けている。世界は不確定であり、差動的なプロセスにおいて具体的に物質化していく。そのときに主客を作用的に切断していくのが物質的・言説的実践であり、かの女はそれを「装置」とよぶ。しかし、杖を観察対象とするときは客体であるが、体の一部として使う時は、それは主体の一部であるように、主客はすぐにもつれあう。それゆえ、主客を属性として決めるのではなく、エージェンシーとして捉え、内部活動において「すること」または「あること」である（intra-action）[29]と主張している。

4-1-3　差異を重視する新唯物論

ドゥルーズに依拠する新唯物論者であるブライドッティは「物質とは……知性的で自己組織化するもの」[30]と定義し、ベネットは「活動が物質の『漠然とした本質』」[31]と述べ、ふたりは生気論を唱えている。ドゥルーズ的な唯物論では、物質という一元論的な流れがあり、それが場所や時間などの位相空間において強度という差異となる。そこから部分的な特異点として集合体（実体）が現勢化する。たとえば、デランダは、川の流れで小石がそれぞれの大きさにならされ、圧縮されて特定の物質と結びついて結晶化し堆積岩ができると説明する[32]。

かれ／かの女たちが差異を重視する理由は、本質主義を避けるためである。それは黒人／白人、男／女といった二元論を乗り越えるためには、同一性ではなく、差異に過ぎないものとして捉えることが肝要であるからだ。人種や性別や動植物などすべてのものはグラデーションによる違いにすぎず、明確な境界線などありえない。

科学史家のハラウェイは、近代科学の発展により、人間は動物と差異がなくなり、機械ですらサイバネティクス理論によって情報という視点で同一の言語で語ることができるようになったことを指摘する。そこで、あらゆる物質との境界があいまいになった現代において、その権力性に支配されぬようにむしろあらゆる存在と自己を組み替えていこうという戦略を提起し、「サイボーグ宣言」をした[33]。

組み換えが可能という存在論は、社会理論にも応用できる。デランダは実体を内在性ではなく外在性の関係性で連結されている集合体ととらえ、部分は離脱可能で他の集合体の構成要素となれるとする社会理論を提唱する。そのようにかんがえると、全体に支配される部分はなくなり、各構成要素に対する社会理論を扱うことが可能となり、ウォーラーステインのような世界システム論からゴフマンのような小さく短期的な集合体まで有益な洞察の統合が可能となると主張している[34]。

4-2 人類学による存在論——関係論的な存在論

人類学は、近代的な客観を絶対視する自然主義によって他民族を裁くことを反省してきた。しかしながらその反省から、文化相対主義として認識論に陥るとフィールドワークは観察者の檻に閉じ込められてしまう。このようなジレンマから逃れるため、人類学は結果的に関係論的な存在論となることが多い[35]。たとえばメラネシア研究者のストラザーンは、ハラウェイから影響を受け、多である関係性からどう一が個体化されていくのか[36]という問いを立てる。潜在的に無限な関係性である多は、一になるために多くの意味を持ち存在化している。その意味は、メラネシアの人びとがヤム芋から人生を学ぶように、具体的なものから具体的なものへと連鎖し、限りなく広がる多義性を発揮していく。

南米のアマゾンをフィールドワークとしているカストロは、実在は潜在性という「関係論的な直接的多様性[37]」を持つとかんがえている。かれによると実在とは、モル的な多様体であるため、関係によって存在の潜在性と現勢性が変化する。たとえば、人間にとっての血が、ジャガーにとってはビールになると、南米のネイティブアメリカンはかんがえる。このとき、認識によって血がビールに変化するのではなく、血/ビールという存在があるのだ。近代人は多文化主義であり、自然は一つであるという、単一自然主義である。しかし、ネイティブアメリカンにとっては、文化こそ一つであり、自然が多様にあるのだ。ゆえに、ジャガーもビールを飲むという文化をもつ。しかしながら、ジャガーという器が人間と異なるため、実体の在り方も関係論的に変化するのである。実体が視点によってそのあり方を変えるため、パースペクティブ主義とも呼ばれている。

この存在論は、文化相対主義への批判へと繋がっている。カストロは、多文化主義は、相手の視点に立って、相手の説明をするため、結局それは他者のなかに自分を見出すというナルシシズムにすぎないと批判する。一方、多自然主義は、敵の視点になって自分の話をする、自分のなかに敵の視点を取り入れ他者化するというカニバリズム的な要素があり、そこに主体の生成変化の可能性を見出している。

アクターネットワークセオリー（以下ＡＮＴ）の提唱者であるラトゥールも、関係論的な存在論であるが、人間（または非人間）と非人間がアクターとしてパフォーマンスをすることにより、実体が生じると主張している。たとえば、パストゥールが乳酸発酵菌を発見したのではなく、かれと菌の両者で乳酸菌という実体を作り上げたのだという。乳酸菌は、以前は乳製品の発酵の不純物であるとされていた。この不純物は実際、その複雑な環境下ではたいしたことはできない。この不純物に、実験室で単独で行動ができるように準備したことで、不純物は次々と能力や属性を獲得し、乳酸菌という実体を手に入れるのである。重要なのは、パストゥール自身もこの行為によって学者としての栄光を手にした実体となるということである。実体（substantia）はラテン語の「根底にあるもの」[38]ではなく、「多数のエージェントが一つの安定し一貫した全体へとまとめ上げているものを指し示している」[39]。他の例でいえば、ＡＮＴであるモルは疾病についての実在論をこう語る。間欠性跛行に罹ったとのちに言われる患者は、診断されるまでその疾病にかかっていたとはいえない。痛みを感じていただけである。それを病院では複数のやり方で診察する。歩行時に痛みが確認できるかどうかや、顕微鏡を通して内膜の肥厚を確認する。これらは別々の確認方法であるが、結果が異なることがある。これは、同一の存在が見せる別の側面ではなく、実体の多重性（multiples）であり、「一より多いが、多よりは少ない」事例の一つなのである。こうして患者、医者、病棟や医療器具、そして疾病などが互いに実行しあって間欠性跛行は実体化していく。彼女が多元ではなく多重性というのは、多元主義（pluralism）は、実在は切り分けられない存在から成り立ち、足されうるが混じり合わないという個人主義的思想の産物だからである。[40]

4-3　OOOの存在論

OOOの創設者であるハーマンは、ラトゥールの弟子であるが、関係論的な存在論に批判的である。関係論では実体そのものに余剰が含まれず、変化もすべてが全体に回収されてしまう。かれは全体への回収を拒んだ新唯物論にも批判的である。[41] なぜならば、新唯物論では、実体が世界にどう表れるのかという実体による行為と、実体そのものが区別できないからである。さらに関係論では、その存在にとっての重要性がわからず、すべてが等しい行為とされてしまう。パストゥールと乳酸菌は、あらゆる些細な瞬間にいつも新しいモノを生成するわけではないと指摘する。[42]

かれは実体をＡＮＴや新唯物論のように行為に置き換えることも、科学的唯物論のようになにでできているのかという還元論に置き換えることも拒否し、構成要素にも効果にも言い換えることのできないなにかとして「オブジェクト（対象）」という用語を使用する。[43] 妖精も原子も同列に論じるため、この対象には、実在的なものも非実在的なものも含まれる。[44]

ハーマンはわれわれやあらゆる対象同士は実在的対象に直接アクセスすることはできないとかんがえる。それでは、どのようにして対象同士の接触による変化が生じうるのだろうか。この問いに彼は初期イスラム神学の因果論を持ち出してくる。因果論はアリストテレスのような個別的実体間における関係とするものや、人間の経験による信念によって因果が形成されるというものがあるが、第三の因果論として機会原因論がある。これは神により因果は成り立つというものである。それによると綿が燃える原因は、火によってではなく、神によるものとなる。因果論は原因Ｘが火なのか人間なのか神なのかということが議論されてきたといえる。[45] もし火と綿という対象同士が関われず、神や人間も措定できないのであれば、原因Ｘは第三の対象でしかありえない。火と綿は互いに実在としては出会っていない。このとき新しい第三の対象が生じることによって火と綿は間接的に関係を持つことができるのである。綿はどんなに燃え尽きてしまったとしても、火から退隠している。[46] 第三の対象が生じることこそ因果なのだ。

ＯＯＯのボゴストは、オブジェクトやモノを、単位（unit）と呼ぶ。単位は性質には無関心であり、原子のように不可分となることもない。そしてその単位は一つ以上の入力を受け取り、それに対してなにかしらの変換を行う。その振舞いのことを操作と呼んでいる。[47] 単位と単位同士がどう関わるのかは、自然科学ではわからず、単位同士もわかっていない。単位別に関り方・見え方が異なるからだ。味を物理的な要素に分解して分析できても、どのように経験的に作用するのかは説明することはできない。しかしながら、コウモリはソナー知覚という操作を行い、潜水艦のように動くといったような類推をすることはできる。哲学とは単位操作を類推することであり、それを人間だけではなく非人間を含めたエイリアン現象学として行うべきであると提唱している。

OOOであるブライアントは、オブジェクトは主体によって措定されるという意味が強すぎると主張し、存在の基本単位を「機械」とする。存在するとは作動することである。機械は物質的な要素と非物質な要素に分けられ、混在している。後者はレシピ、科学、小説などである。これら非物質的世界が実在するためには物質が必要である。物質と非物質によって構成された機械は私たちに社会的必要性を生み出す。時計は生活と労働を一変し、電灯は夜の新しい社会関係の領域を開き、法律は遠隔地の会ったことのない人々をむすびつける。機械同士は集合して新しい機械になることも容易に分解することもありえる。男と馬と鐙とランスはそれぞれが集合した時、創発した力を発揮するのであたらしい機械となったといえる。

ボゴストもブライアントも、ハーマンが行為よりも対象そのものを重視したにもかかわらず、どちらも動作や作用を重視している点や、ブライアントは実体そのものと直接出会わないまでも、直接影響を与えるといったように[48]、機会原因論的ではない点などが異なる。共通点としては、実体には秘めた力があり、それはあるときに、突然に発揮するという[49]実体の創発的な可能性を信じており、それは汲みつくされるものではないとかんがえているところであろう[50]。

5　社会科学への展開可能性はどこにあるのか
――部分による変革可能性としての存在論

本稿では現代哲学の実在論を概観してみた。その共通のテーマは、「人間中心主義の脱却」であり、多くに共通していたのは「全体に回収されない部分」としての存在論であった。存在がどのように成り立つのかは古来より議論されてきていたが、有機体的で内的な連結をする存在論では、それを構成する部分が全体に回収されてしまい、変革のチャンスが見えづらくなっていた。これに対して新唯物論は部分も一つの全体であり、取り換え可能であるとかんがえる。ANTは行為をすることで実体が生じるとかんがえるので、行為を変更するか無くせばその実体は容易に変化していく。パースペクティブ主義では、多様な存在を知るために他者から見た自分の視点を取り入れていく。ＯＯＯは関係すらも否定し、実体はそれそのものとして無限の力を秘めているとする。以上のことは、抵抗力や変革の基盤が実体そのものにあることを示している。実体がもたらす社会やヒトへの影響の考察は多くの示唆がある。

たとえば、主体形成論としてかんがえるとき、スマホや眼鏡ひとつとってしても、サイボーグ的にわたしたちは変化している。デランダは、能力の拡張は主体の同一性を崩して、新たな主体となる可能性を述べている。自転車で新しい場所に行けるようになれば、いままでにない習慣や習性を得られ、新しい集合体へと入っていくことができるかもしれない。人間と部分的に似ているＡＩをカニバリズム的に取り入れることで、自己の同一性を崩すという生成変化を考察することも可能であろう。

生産過程においても多くの示唆がある。ブライアントによれば、生産とは交渉に近い。蒸気機関は維持のために多くの作業を必要とするため、最大限の効率を発揮できるように大規模な工場を作ることを要請し、汽車はレールに耐えられる重さなどの制約を技術者に課す。さらに技術者は仕事道具を使うことで筋肉や骨格といった形態や体の使いこなし方が変化する。もちろん、交渉の余地のない事柄もある。バラッドの示すインドのジュート工場の事例をみよう。そこの経営者は、労働者が団結しないように個別に作業をさせたいとかんがえているが、機械の物質的な条件により、労働者同士が集まって作動させねばならないため、結局のところ労働者同士が互いに話す機会をもたらしてしまっている。あるとき、機械が故障してしまい、その休業期間分の織工の賃金が失われた。織工は「機械の修理が遅れた機械工のせいだ」と文句をつけ、ケンカになった。経営者はケンカの仲裁に入るも失敗してしまう。騒動は労働組合との争議へと発展し、最終的には山猫ストライキへとつながった。機械の物質的諸条件や制御できない予想外の動きによって、経営者や労働者にも予期せぬ出来事が生じたのである。以上の事例は、主体がどのようにモノとの相互浸透で形成されていくのかを具体的にかんがえる必要性をわたしたちに示している。

それだけではない。モノは社会そのものにも大きな影響を与える。電灯や、法律が書かれた紙は新しい社会関係を切り開く。いや、そのような人間との共存関係を築く以上にモノは強い抵抗力を持っている。まさにそれは環境問題そのものである。エコロジストでＯＯＯのモートンは、地球温暖化は「ハイパーオブジェクト」であるという。それは計測器で地球上の気温を測ることによってわかる概念的なものだけでなく、雨を降らせ、津波を起こし、海底の圧力変化によって地震を活発化させ、巨大なハリケーンを生むオブジェクトなのである。この存在は、局所的に現れる現象でありながら、とらえきれないひとつの存在であり、観念的な産物ではないのである(51)。

観念論では汲みつくせないモノの可能性は、それ自体が社会を構成し、脱構築をする。モノもヒトも社会で包摂しつくせないものがある。表象そのものが実在との産物なのだ。それがなぜ、どのようにしてこのような形で現れるのかといった分析をおこなうとき、これらの存在論は大いに役立つと思われる。

注

（1）Ferraris 2014 : chapter 1, section 1, para. 3, Ferraris 2015 : chapter 1, section 1, para. 1
（2）Barad 2012 : p. 48
（3）Henare, Holbraad & Wastell, 2007
（4）この図は便宜的な図に過ぎないことを注釈しておく。メイヤスーは二度目のSRのイベント時、自分の思想が「実在論ではなく唯物論」であることを強調したかったために欠席をした。ブラシエもSRの名称の発明者にもかかわらず、その名称を拒否している（ハーマン 2017 : 8-9）（発表年のあとの数字はページ）。
（5）Grant 2006 : p. 3
（6）Shaviro 2011 : p. 280
（7）メイヤスー 2016 : 56-58
（8）メイヤスー 2016 : 15-16
（9）ドレイファス & テイラー 2016 : 75
（10）フェラーリスも似たような主張をおこなっている。かれは、知覚には変更不可能性があると主張している（Ferraris 2015 : part 2, section2, para.2）。現象学からも大きな知見を得ているハーマンは、この思い通りいかないことにかれ独自の存在論を見出している。かれによれば、志向性を持って道具を対象化し、人間の都合の良いものだけにしているにもかかわらず、人間が予期せぬ「物が壊れる」という事態が生じるのは奥深い実在の背景があるからである（ハーマン 2017 : 63）。
（11）ガブリエル 2018 : 150
（12）コーン 2016 : 154-155
（13）Meillassoux 2012 : pp. 72-73
（14）千葉の用語である（千葉 2017 : 2章4節6段落）。
（15）デランダ 2015 : 130、Harman 2011 : p. 295
（16）千葉 2017 : 序、3節、17段落
（17）メイヤスー 2016 : 63
（18）Ibid. : 94

（19）千葉 2017：2章4節6段落
（20）SR のサッカーは、メイヤスーとは逆に論理的整合性そのものも疑い、むしろこの矛盾する否定的なものとしての生命の存在論でなければならないと主張する（Thacker 2010：chapter 5, section 4, para. 29）。かれによれば否定神学の主語を「神」から「存在」に変えることで存在論へと切り替えられる。否定神学によると、神＝存在は not-A で語ることしかできない。この多種多様な否定語によって、思考がなされる。それは語りつくすことのできない超越的な過剰と肯定としての無（nihil）であり、それが存在なのである。
（21）メイヤスー 2016：135
（22）Ibid.：170–171
（23）Brassier 2007：p. 29
（24）グレアム 2020：186
（25）ほかにはシェリング研究者であり、ＳＲに加わっているが、観念論者であるグラントがいる。かれはそもそも観念論という語を、心の外に世界がないことをいうのではなく、広い形式での実在論としている（ハーマン 2018：93）。かれによると形而上学は物理学から切り離せない（Grant 2006：p. x）。なぜならば、物理学は物体の発生そのものも扱わなければならないからである。量子力学では物質そのものがエネルギーを持つとされているが、かれはそのエネルギーを物質にではなく、物質の発生の原理として超越的な「力」として措定する。この一元論的な力が、物質という自然を生み出すのである。それでは、力という一がどのようにして多を生み出すのか。それは遅延のせいであり、無限の力はこうした時間的プロセスによって制限され自然が生産されていくという。自己意識も自然の生産物であり、近似的な同一性をもつため、自己意識という限界のなかでも力へのアクセス可能性をもちうる。
（26）Toscano 2011：p. 91
（27）Shaviro 2011：p. 285
（28）Barad 2007：chapter 7 section 5, subsection 1, para. 11
（29）Ibid.：chapter 4 section 12, para. 8
（30）ブライドッティ 2019：58
（31）Bennett 2010：chapter 4, section 3, para. 5
（32）DeLanda 1995：para. 8
（33）ハラウェイ 2017：313
（34）デランダ 2015：218
（35）例外として、コーンは、その多元的な実在論に反発し、人類学が一般的な事柄を主張できるとしている（コーン 2016：23）。人類学者であるデスコラは関係主義的ではなく、主観主義の立場をとる。かれは自己と存在をその同一性において再認するという「同定」という能力を措定し、人類上の文化様式を類型化している（デスコラ

2019）。また、近年ではポスト関係論も叫ばれつつある（Candea, Cook, Trundle & Yarrow 2015）。

（36）ストラザーン 2015：161

（37）カストロ 2015：76

（38）様々な性質や質量などの支えといったような意味。

（39）ラトゥール 2007：193

（40）モル 2016：13

（41）ハーマン 2019：26

（42）Ibid.：62

（43）Ibid.：11

（44）ハーマン 2017：14

（45）Ibid.：114

（46）Ibid.：74

（47）Bogost 2012：chapter 1, section 5, para. 11

（48）Bryant 2014：chapter 3, section 1, para. 9

（49）Ibid.：chapter 6, section 1, para. 26

（50）関係論では関係の無限の組み合わせから無限の創発が現れるとし、唯物論は物質そのものに創発的なエネルギーが秘められているとしているといえる。物質にこの可能性をどこまで込めるかによって、唯物論においても生気論（ベネット、ブライッドティ）や汎心論（シャヴィロ）という形でわかれていく。シャヴィロは汎心論を「心＝精神は物質そのものの根本的属性」（シャヴィロ 2016：126）と定義する。なぜなら自律展開という行動には感覚が伴うからだ。彼は科学では解けない私秘性の課題を提起する。

（51）Morton 2013

参考文献

［欧文］

Barad,K., 2007, *Meeting the Universe Halfway: Quantum Physics and the Entanglement of Matter and Meaning* [kindle version], Duke University Press.

Barad,K., 2012, “Matter feels, converses, suffers, desires, yearns and remembers”, R.Dolphijn and I. van der Tuin eds., *New Materialism: Interviews & Cartographies*, Open Humanities Press: 48-70.

Bennett,J., 2010, *Vibrant Matter: a political ecology of things* [kindle version], Duke University Press.

Bogost,I., 2012, *Alien Phenomenology, or What It's Like to Be a Thing* [kindle version], University of Minnesota Press.

Braidotti,R., 2002, *Metamorphoses: Towards a Materialist Theory of Becoming* [kindle version], Polity Press.

Brassier,R., 2007, *Nihil Unbound: Enlightenment and Extinction*, Palgrave Macmillan.

Bryant,L., 2014, *Onto-Cartography: An Ontology of Machines and Media* [kindle version], EDINBURGH University

Press.
Candea, M., J. Cook., C. Trundle and T. Yarrow eds., 2015, *Detachment: Essay on the Limits of Relational Thinking*, Manchester University Press.
DeLanda,M., 1995, *The Geology of Morals: A Neomaterialist Interpretation, Virtual Futures 95 Conference*, Warwick University, UK, http://www.t0.or.at/delanda/geology.htm.（2023 年 1 月 30 日閲覧）
Ferraris,M., 2014, *Manifesto of New Realism* [kindle version], translated by S.D.Sanctis., State University of New York Press.
Ferraris,M., 2015, *Introduction to New Realism*, translated by S.D.Sanctis, Bloomsbury USA Academic.
Grant,I.H., 2006, *Philosophies of Nature After Schelling*, Continuum.
Harman,G., 2011, “Response to Shaviro”, L.Bryant, N.Srnicek and G.Harman eds., *The Speculative Turn: Continental Materialism and Realism, re.press* : 291-303.
Henare, A., M.Holbraad and S.Wastell, 2007, “Introduction: thinking through things”, A.Henare, M.Holbraad and S.Wastell eds., *Thinking Through Things: Therorising artegacts ethnographically*, Routledge : 1-31.
Meillassoux, Q., 2012, “There is contingent being independent of us, and this contingent being has no reason to be of a subjective nature”, R.Dolphijn and I. van der Tuin, *New Materialism: Interviews & Cartographies*, Open Humanities Press : 71-81.
Morton,T., 2013, *HYPEROBJECTS: Philosophy and Ecology after the End of the World* [kindle version], University of Minnesota Press.
Shaviro, S., 2011, “The Actual Volcano: Whitehead, Harman, and the Problem of Relations” L.Bryant, N.Srnicek and G.Harman eds., *The Speculative Turn: Continental Materialism and Realism, re.press* : 279-290.
Thacker, E., 2010, *AFTER LIFE* [kindle version], The University of Chicago Press.
Toscano, A., 2011, “Against Speculation, or, A Critique of the Critique of Critique: a Remark on Quentin Meillassoux's After Finitude（After Colletti）” L.Bryant, N.Srnicek and G.Harman eds., *The Speculative Turn: Continental Materialism and Realism, re.press* : 84-91.

［邦訳］
カストロ．V．（檜垣立哉・山崎吾郎訳）『食人の形而上学――ポスト構造主義的人類学への道』（2015）洛北出版
コーンE．（奥野克己・近藤宏訳）『森はかんがえる――人間的なるものを超えた人類学』（2016）亜紀書房

シャヴィロ．S．（上野俊哉訳）『モノたちの宇宙―思弁的実在論とは何か』（2016）河出書房新社
千葉雅也『動きすぎてはいけない：ジル・ドゥルーズと生成変化の哲学』[kindle version]（2017）河出書房新社
ハーマン．G．（岡嶋隆佑監訳・山下智弘・鈴木優花・石井雅巳訳）『四方対象―オブジェクト指向存在論入門』（2017）人文書院
ハーマン．G．（上野俊哉訳）『非唯物論―オブジェクトと社会理論』（2019）河出書房新社
ハーマン．G．（上尾真道・森元斎訳）『思弁的実在論入門』（2020）人文書院
ハラウェイ．D．（高橋さきの訳）『猿と女とサイボーグ―自然の最発明』（2017）青土社
ストラザーン．M．（大杉高司・浜田明範・田口陽子・丹羽満・里見龍樹訳）『部分的つながり』（2016）水声社
メイヤスー．Q．（千葉雅也・大橋完太郎・星野太訳）『有限性の後で―偶然性の必然性についての試論』（2016）人文書院
モル．A．（浜田明範・田口陽子訳）『多としての身体―医療実践における存在論』（2016）水声社
ラトゥール．B．（川崎勝・平川秀幸訳）『科学論の実在―パンドラの希望』（2007）産業図書株式会社
ガブリエル．M．（清水一浩訳）『なぜ世界は存在しないのか』（2018）講談社
デランダ．M．（篠原雅武訳）『社会の新たな哲学―集合体、潜在性、創発』（2015）人文書院
デスコラ．P．（小林徹訳）『自然と文化を超えて』（2019）水声社
ドレイファス．H．・テイラー．C．（村田純一監訳・染谷昌義・上村玄輝・宮原克典訳）『実在論を立て直す』（2016）法政大学出版局
ブライドッティ．R．（門林岳史監訳・大貫菜穂・篠木涼・唄邦弘・福田安佐子・増田展大・松谷容作訳）『ポストヒューマン―新しい人文学に向けて』（2019）フィルムアート社

（たい　まさる・鳥取大学非常勤講師・政治経済学）

論文

初期シェリングの自然法論が描き出す「啓蒙の弁証法」

中村徳仁

序　シェリング唯一の政治的著作の位置価

フィヒテの後継者、ヘーゲルとヘルダーリンの学友、思弁的な自然哲学の大成者、自由と根源悪について思索した深遠なる哲学者――フリードリヒ・シェリング（一七七五～一八五四年）についてはさまざまなことが語られてきたが、かれの名前が政治思想の文脈で取り上げられることは多くない(1)。そうした軽視の背景には、ヤスパースによるシェリングにたいする「非政治的 unpolitisch」であるという評価がこれまで根強かったことが挙げられるが、そのような傾向は一九九〇年代以降徐々に改善されつつある。

英語圏を中心としたここ十数年での研究の興隆ぶりは、とりわけ顕著である。しかし、にもかかわらず、シェリングが政治や法に関して直接的に扱ったほとんど唯一の論考である『自然法の新演繹 *Neue Deduction des Naturrechts*』（一七九六・七年、以下『新演繹』）が、詳細に論じられることはあまり多くない。それには、このテクスト自体の性格が関係していよう。というのも、この『新演繹』は一六三のごく短い断章から成っており、各節ごとの連関や全体の道筋が判然としないからである。そのことをシェリング自身も自覚していたのか、この著作が発表された後に、「今なら別様に書くでしょう」（Schelling 1962, 97）(2)と述べており、その内容と完成ぶりにはあまり満足していなかったことがうかがえる(3)。

ただし、ごくわずかな研究の中でも、シュレーダーによる研究はその水準の高さからして、特筆に値する[4]。シュレーダーは、『新演繹』を伝統的な法思想の議論と突き合わせて論じただけでなく、その論考自体が発表された『ドイツ知識人協会の哲学雑誌 *Philosophisches Journal einer Gesellschaft Teutscher Gelehrten*』(以下、『哲学雑誌』)の当時の論調との関係にも分け入っている。しかしながら、シュレーダーは残念ながら、『新演繹』の法学的なコンテクストを明らかにしたものの、シェリングの思想形成における位置価についてはあまり触れていない。よって、本稿は、『新演繹』での議論がその後のシェリングにどのようなかたちで引き継がれていたのかを考察する。そのために本稿では、政治論を含んだ次の著作である『超越論的観念論の体系』(一八〇〇年、以下『体系』)も取り上げる。

本稿の流れは次の通りである。まず「第1節」で、一七九〇年代のシェリング周辺の言論状況を概観する。当時のドイツ知識人たちは、フランス革命に対する評価や自然法の基礎をめぐって様々な議論を展開していた。『新演繹』が掲載された『哲学雑誌』は、まさにその主戦場の一つであった。そのため、こうした当時の状況を再構成することで、『新演繹』が当時の議論に対するシェリングなりの介入であったことが明らかとなるだろう。次に「第2節」では、『新演繹』を執筆した前後のシェリング自身が、どのような状況にあったのかを確認する。そして「第3節」では、『新演繹』の内容を読解する。「第4節」では、『新演繹』の後に記された『体系』のなかのわずかな政治論について読解する。そうすることで、『体系』という後の著作にも、『新演繹』で提示された問題関心が引き継がれていたことが示される。

第1節　『自然法の新演繹』の背景
——フランス革命と自然法をめぐる言説

まず当時のドイツ知識人を論じるにあたっては、一七九三年に生じたフランス革命の明らかな性質変化について触れないわけにはいかない。かれらの多くははじめ、フランス革命を伝統の打破と解放の契機とみなして礼賛していたが、「理性への崇拝」を掲げるジャコバンの独裁体制が勢力を拡大していくにしたがって、しだいに支持を撤回していくこととなった。

例えばシラーが『人間の美的教育について』(一七九四・五年)のなかで、理性による啓蒙の理念に根ざしたフランス革命の帰結を批判し、それに代わる「美的な国家」の構想を打ち出したことは有名であるが、それに対して、カントのフランス革命評価は複雑である。カントは『理論と実践』（九三年）のなかで、革命への期待が薄まっていくなかで、実際の革命とその理念とを区別し、革命が掲げた理念を擁護しようとした。現実の革命は悲惨な結末をまねいたかもしれないが、かれにとっては、それがそのままフランス革命の歴史的な意義を無にすることを意味しなかったのである。ここでまさに、歴史における「進歩」の意味するところが問われたのである。

カントが発表した『永遠平和のために』（九五年）も、当時多くの議論を巻き起こした。この著作は、『理論と実践』の「第3章」をさらに展開したものだが、当時のフランス革命戦争への応答として書かれていることもあって、より時局性を帯びている。そこで語られる「摂理 Vorsehung」の漸次的な実現という歴史哲学的な理念は、フランス革命の混乱を目の当たりにした当時の知識人たちにインスピレーションを与えた。シェリングをはじめとしたテュービンゲンの神学徒たち、そして当時イエナに集結しつつあった初期ロマン派の面々がまさにそうである。かれらは、カントの普遍史的発想とシラーの美的国家構想のいずれをも継承し、わがものとしたのであった。

その結晶として有名なのが、シェリング、ヘーゲル、ヘルダーリンが共同で執筆したされている「ドイツ観念論最古の体系構想」（九六・七年）という断片草稿である。そこではまさに「理性による啓蒙」の失敗を念頭に、理性と信仰、哲学者と民衆、哲学と神話といった対立する両者が将来的に調和するためには、「新しい神話」[5]や「理性の神話」が必要であると唱えられていた。[6]

かれらのような新世代が台頭しつつあるなか、カントは自身の法論の集大成である『人倫の形而上学』（九七年）を完成させようとしていた。こうしたカントの試みに呼応するように、フィヒテをはじめとしたほかの論者たちも当時「自然法」にかんする議論を積極的に展開していた。そうした協働のうごきはなにも、論壇のスターであるカントに応答するためといった個人的な動機に還元されるものではなく、時代的な必然性をもっている。というのも、当時の社会は、これまで数百年続いた封建的な伝統秩序がフランス革命によってラディカルなかたちで否定されるといった断絶を経験し、もう一度「そもそも法 Recht とは何なのか」ということが原理的に問われる必要に迫られていたからである。

このような論議の中心地のひとつが、まさに『哲学雑誌』であった。『哲学雑誌』は一七九五年から一八〇〇年までのあいだ刊行された批評雑誌で、シェリングたちにとっては神学院の先輩であったニートハンマーが主宰を務めていた。途中からはフィヒテも雑誌の編集に参加することとなり、かれの有名な『永遠平和のために』にかんする書評もこの雑誌に掲載された。ニートハンマーやフィヒテといった編集者の面々からもわかるように、いわばこの雑誌はカントの批判哲学を奉じる若い世代にとっての牙城であり、初期のシェリングにとっても最も重要な寄稿先であった。さらに特徴としては、カントの哲学をとりわけ法論や教育論に応用しようとする思潮が挙げられる[7]。とくにその「自然法」にかんする議論の活況ぶりは、一七九五年だけで八本もの「自然法」を扱う論考が掲載されたことなどが物語っていよう[8]。

それでは、この雑誌に掲載された自然法にかんする様々な論考は、何を論じていたのだろうか。個々を具体的にみていくことはできないが、その根本思潮を知るうえで役に立つのが、一七九七年に『一般学芸新聞 *Allgemeine Literatur-Zeitung*』に投稿された、フリードリヒ・シュレーゲルの書評である。シュレーゲルは『哲学雑誌』の自然法論文を論じるときに、かれらのあいだでも「自然法 Naturrecht」が何を意味するのかは一義的ではないと断りながらではあるが、昨今の議論状況を次のようにスケッチしている。

この雑誌〔『哲学雑誌』〕のなかの法論にかんして、すべての執筆者のあいだで、あるいは、何人かのとりわけ鋭い執筆者とそうでない執筆者とのあいだでも一致している諸特徴の帰結は、要約すると次のようなものである。（1）法の原則 Grundsatz は道徳からは独立している。（2）法の原則はただ技巧のうえで有用であるだけでなく、実践的で絶対的に不可欠である。（3）法の原則は、実定的な法律にたいする制約と制限である。（4）法の可能性は自由な存在たちの共同体という概念にもとづいている。最もはっきりしたかたちでこのことが云われているのは、『カントの永遠平和のためにへの書評』においてである〔…〕。（*Allgemeine Literatur-Zeitung* Sp.723; AA I, 3, 133：〔 〕は引用者）

以上のシュレーゲルによるまとめにしたがえば、かれらのあいだで問題になっていたのは、「法 Recht」を「道徳Moral」に依拠することなく基礎づけることはいかにして可能であるか、というものであったことが明らかとなる。かれらが想定するに、カント以前の法論は「法Recht」の源泉を道徳や義務に求めていたのにたいして、カントはむしろ、自由な存在者の行為から「法」を基礎づけようとした。ここに一つの転換があり、フィヒテをはじめとするこの雑誌の執筆者たちは、カントの法論を出発点としている点で共通しているというのが、ここでいわれていることである。次節以降でみていくシェリングの『新演繹』も、やはりこうした当時のこうした議論に介入するつもりで書かれていることが明らかとなるだろう[9]。

第2節　『自然法の新演繹』が書かれた当時のシェリングの状況

それでは次に、『新演繹』をかく前後にシェリングが置かれていた状況についてみておこう。シェリングが革命を経験したのは、多感な神学院時代であった。そこでは、一方では厳格な宗教教育を推進する教条主義的な教師陣が力を持っていたのに対し、他方では、その伝統に抗う若者世代がとくにフランス革命に触発されて、当時の「現代思想」であったカントの批判哲学を武器に、宗教や伝統を根本から批判していた。こうした伝統と革新のはざまで、通常よりも三歳も若くして入学したシェリングは、右往左往することとなった。

このような経験をしたシェリングは、無事に神学院を卒業したものの、このときの関心はもはや神学にはなく、もっぱら哲学にむかっていた。『新演繹』は、そのような時期に執筆されたものである。それでは、その書誌情報を確認しておこう[10]。『新演繹』は、先でみた『哲学雑誌』に二回に分けて掲載された。前半部（第一から八四節に該当）が一七九六年四月に刊行された第四巻第四号に、後半部（第八五節から後書きに該当）が九七年四月に刊行された第五巻第四号に掲載された。前半部が「匿名」で執筆されたのに対して、後半部が掲載されたときには、目次にシェリングの名前が記されているのだが、その違いについて理由は定かではない。

またこの論考が執筆された時期も正確には特定することができない。手掛かりになるのは、シェリングが雑誌編集者のニートハンマーに宛てた手紙である。その手紙によると、シェリングは一七九五年の十一月から九六年の五月までのあいだに、テュービンゲンを卒業後まもなく、シュトゥットガルトでリーデゼル家の子息のために家庭教師として仕えており、そこで「自然法にかんする授業」(Schelling 1962, 59) をする必要があったという。そこでの授業が、多かれ少なかれ『新演繹』の着想につながったとしてもなんら不思議ではない (Vgl. AA I, 3, 125)。

それからのちにシェリングはライプチヒを訪れ、かの有名な「自然哲学」を構想する。このことからも、『新演繹』は時期的には、フィヒテの自我哲学の影響を色濃くのこしていた『哲学書簡』と、そこからの離脱ともみなすことができる『自然哲学のための諸理念』(一七九七年) とのあいだに準備されたことはたしかである。しかし、『新演繹』のなかにはいまだ、機械論的自然観に対置される有機的な自然観といった、自然哲学へといたる契機や軌跡は内容上見当たらない。そのため、この論考を自我哲学と自然哲学の移行期の仕事とみることはできるものの、執筆の際の実際的な問題関心はというと、――論考のなかでは直接触れられなくとも――いまだ進行中であったフランス革命の動向とそれに対する省察に向けられていたといえよう。

第3節 『自然法の新演繹』の内容

それでは、『新演繹』の内容にはいっていく。シェリングはまず冒頭部で、前作の『自我論』を受け継ぎながら、そもそもの第一原則として、自我の自由が「なにものにも制約されない unbedingt」こと、そして自我の自由には理論理性ではなく実践理性によってしか到達できないことを確認するところから開始している[11]。

> 私が理論的に実現できないことを、私は実践的に実現するはずである。ところで、理性がたどりつこうと努力する無制約者 das Unbedingte は、理論的理性によってはたどりつくことができない。なぜならば、この無制約者はけっして私にとっては客体 *Object* にはなり得ないからである。私が無制約者を客体として保持しようとすることによって、無制約者は被制約性という制限のうちへと戻ってくる。私にとって客体であるものは、ただ現象し得るにすぎない。それが私にとって現象以上のものであるやいなや、私の自由は無化されてしまうのだ。(§1, AA I, 3, 139：原文イタリックに

は強調傍点）

「私（自我）」は決して客体にはなりえず、制約bedingtされない。それがゆえに、「私は客体の世界を支配しており、その世界においてもまた、私の因果性以外のいかなるものも啓示されてはいない。私は**自然の主人**として自らを表明し、自然が私の意志の法則によって端的に規定されていることを要求する。〔…〕世界全体が、私の道徳的な所有物なのである」という（§7, AA I, 3, 140：太字強調は引用者）。ここでいわれている、「自然の主人」としての絶対的な自我という表現は、ラインハルトといった『哲学雑誌』に寄稿している他の論者たちにもみられので、その反映であろう[12]。かれらがいずれも、「自然」のうえに自我を無条件にも置き、そこに「法」の源泉を見て取るのかというと、そうすることで、法を道徳や義務といった外的で他律的なものから導き出すことを避けるためである[13]。この点はいわば、カントから引き継いだかれらに共通の方針なのである。

しかし、物理的自然を克服した「自然の主人」としての道徳的存在者は、他者との共同生活のなかで、いずれお互いに「権利」を要求しはじめる。「ここにおいてわれわれは、道徳の領域から倫理学の領域へと足を踏み入れる」（§31, AA I, 3, 145）。シェリングにとって、「道徳Moral」は道徳的存在者が互いに「自己性」を主張し合う領域であるのに対して、「倫理学Ethik」において諸個人は「道徳的存在者の国」を前提にする（Vgl. ebd.）。すなわち、「道徳」が「個体的意志」同士の関係を扱うのに対し、「倫理学」は「個体的意志」と「普遍的意志」とのあいだの関係を問うのである。

しかし、個人の自由を絶対とみなすシェリングはすぐさま、次のようにも付け加えている。「普遍的意志が個体的意志によって制約されているのであって、個体的意志が普遍的意志によって制約されているのではない」（§33, AA I, 3, 145）。かれにとって諸個人の意志が、全体や共同体によって実質的に制約されることはないとされている。つまり、「倫理学」は個体的意志を尊重しながら、個人にとっての「義務」や「当為」を問う場なのである（Vgl. §64 und 66）。それに対して、個人と全体との関係を問うもう一つの学問が存在する。それが「権利の学Rechtswissenschaft」である。「倫理学」が「義務」や「当為Sollen」を扱うならば、「権利の学」は「何をしてよいかDürfen」を問う（§65）のであって、後者はながらくのあいだ「道徳 Moral」と切り離されずに論じられてきたのだという（§69）。

ただし、これら二つの学問は互いに対立するのではなく、あくまで共通する一つの目標を別のしかたで実現するとされている。その目標とは、個人と全体とのあいだの利害対立を越えたところにある「絶対意志」（§71）を実現することである。ヤーコプスが編者注釈のなかでも述べているように、これらの語彙は明らかに、ルソーの『社会契約論』をシェリングなりに言い換えたものである（Vgl. AA I, 3, 244）。すなわち、シェリングの「普遍的 allgemein」意志と「絶対的 absolut」意志はそれぞれ、ルソーの「全体意志」と「一般意志」に対応しており、前者の系列が個体のたんなる総計であるのに対して、後者の系列はその総計を超えて在るとされる共同体の意志そのものである。そうした語彙を念頭に、「倫理学」と「権利の学」は以下のように対比されている。

> 倫理学は絶対的意志の問題を、個体的意志を普遍的意志と同一にすることによって解決するが、権利の学は、普遍的意志を個体的意志と同一にすることによって解決する。倫理学と権利の学とがそれぞれその問題を完全に解決したとすれば、両者は互いに対立する学であることを止めるだろう。（§72, AA I, 3, 154）

シェリングにとって、当為 Sollen としての「倫理学」と許容 Dürfen としての「権利の学」は、同じ問題を別の方向から解決しようとしており、それが達成される未来においては、互いに調和する可能性があるとされている。しかし、その未来とはいつのことだろうか。そしてその調和はいかにして達成されるだろうか。

シェリングはこのことにたいしては、「後半部」でも答えていない。むしろ、これら二つの学が担う課題は、どこまでいっても法制度や契約によっては達成され得ないことが再三指摘される。例えば、シェリングは自ら付した注釈のなかで、「契約論」を批判している（Vgl. AA I, 3, 157）。かれが考えるに、自由を保証するための「契約」はまた、それ自体を保証するための別の「契約」を必要とする。こうした無限後退を防ぐことは、契約自体によっては為し得ない。

こうした指摘からもわかるように、シェリングは（道徳領域での）個人同士の対立や、（倫理学や権利の学の領域での）個人と全体とのあいだの対立が、法律や契約によって解消されるとは想定していない。いかなる法や権利といえども、結局のところ「強制法 Zwangsrecht」に過ぎないのであって、他者を「物理的法則」に則って征服することを意図しているのだという（§147 und 150）[14]。こうしてかれは末部において、次のような結論をのべている。

> **自然法はその帰結において、（それが強制法になるかぎり）必然的に自己自身を解体する**、すなわち、自然法はあらゆる権利を廃棄するのだ。なぜならば、自然法が権利の維持を委ねる究極的なものは物理的優勢 *physische Uebermacht* であるからだ。（§162, AA I, 3, 174）

ここにおいて、自然法の根拠が物理的な力の優劣に過ぎないことが、元も子もなく暴露されている。こうした暴露は、ほとんど同時期にかかれたフィヒテの『自然法の基礎』（九六年）が、法権利の源泉をあくまで人格同士の「承認 Anerkennung」関係のなかに見て取っていたことと比べても、シェリングの固有性を言い表している。すなわち、シェリングの立場からすれば、「承認」関係を規定するものも、互いの人格のあいだにある権力と暴力の不均衡に過ぎないこととなる。

こうしてシェリングの批判は、人間関係のあいだに根源的にそなわる暴力的な関係を指摘することで、もはや法の不可能性にまで矛先が達しているようにおもわれる。そこからさらに、もう一つ重要な最終節があることにも留意が必要である。

> いまや理性の要求であるのは、物理的なものが道徳的諸法則によって規定され、あらゆる自然的威力 Macht が道徳性と結びついていることである。したがって、自然法は必然的に新しい問題へといたる。すなわち、個人の物理的威力を権利の道徳的威力と同一にするという問題へと、あるいは、権利の一面には、つねに物理的権力 *Gewalt* もまた存在するという状態の問題へといたるのだ。ところが、われわれが、この問題の解決へと移ることによって、われわれはまた**新しい学** neue Wissenschaft の領域へと足を踏み入れるのである。（§163, ebd.）

このように『新演繹』の最後は、「新しい学」への移行という標語によって閉じられている。シェリングが考えるには、この「新しい学」によってはじめて、自然法がつねに「権力 Gewalt」へと転化する可能性や、「当為」と「許容」のあいだのコンフリクトが解消され、それによって「絶対的意志」が達成されるのである。しかし、かれは、その「新しい学」が何であるのか、あるいはそれに対する展望といった肝心なことについては、これ以上なにも説明していない。

以上の内容から、『新演繹』の議論は次のようにまとめられるだろう。シェリングははじめ、ほかの論者たちと同様に、法＝権利 Recht を自我の自由から演繹しようとした。しかし、そのようにして構築された法は所詮、共同体内のほかの成員にとっては「強制」にほかならず、法が貫徹されるところでは結果的に「物理的威力」が支配的となる。シェリング自身は明記しておらずとも、ここまでの筆致からしてかれは、諸個人の自由が十全に発揮されることを擁護してはいるが、やはりそうした個人が「自然の主人」として他者を「所有物」のようにみなすことで、いわば「万人の万人に対する闘争」が招き寄せられる可能性に警鐘を鳴らしているのだ。そうなれば結果的に、物理的な闘争が続くだけで、誰の自由も結果的には実現されない。こうした闘争を調和させるには、倫理学や権利の学ともまた区別される、「新しい学」が必要であるというのが『新演繹』の結論であった。

なお、こうしたシェリングの洞察には、フランス革命における法体制の変革と混乱、そして自由を保証するために打ち建てられたはずの法体制がむしろ抑圧の装置に転じるといった、当時の動乱が反映されているのではないだろうか。

第4節　『超越論的観念論の体系』における政治的な歴史哲学

以上でみてきたように、『新演繹』は近代の分裂状況をラディカルに記述している。人間同士の衝突を緩和するはずの法制度でさえも、その衝突を根本的には解決することができないのであって、それどころか、物理的な優位関係の隠蔽としてさえ機能する。このような悲劇的な状況を治癒するためには、「新しい学」が必要であるとシェリングはいう。

それでは、こうした近代の悲劇的状況にたいする処方箋として名指された「新しい学」という最後の言葉で、シェリングははたして何を想定していたのだろうか。例えばシュレーダーは、同年に発表されたカントの『人倫の形而上学』を一つの例として想定している。[15] しかし、『新演繹』の内容からするに、シェリングがまた別の法理論によって、これらの問題を解決できると考えていたとは、想定しにくいのではないだろうか。むしろやはり、かれはここで、自らが準備していた他の哲学構想を示唆しているのではないだろうか。[16]

より積極的なかたちでこのことを言いかえると、『新演繹』で提示されたこうした現状認識と解決の模索こそが、かれのその後の思索全体を貫く根本モチーフなのではないだろうか。[17] すなわち、シェリングの様々な思索活動——自然哲学、芸術哲学、宗教哲学、学問論など——は、こうした近代世界の分裂状況にたいする処方箋の探求なのである。よって、この『新演繹』での問題提起は、たんなる失敗でも放棄でもなく、やはりその後にも脈々と引き継がれ、展開されているのではないか。本節では、そのような軌跡を『超越論的観念論』(一八〇〇年、以下『体系』)のなかに見て取る。

まずはその概要を確認しておこう。『体系』とは、フィヒテの「自我哲学」と、当時シェリング自身が展開していた「自然哲学」との関係を体系的に記した初期の主著である。このなかで哲学史上とりわけ有名なのは、その結論部に添えられたいわゆる「オルガノン・テーゼ」である。そのテーゼとは、主体と客体との、あるいは歴史と自然とのあいだの分裂を解消することで、哲学の課題を終結させるのが「芸術 Kunst」であるという主張である。これは、イエナ・ロマン派との交流の帰結でもあり、かれらにとってのマニフェストともいえるだろう。

あまり注目されることは無いが、この著作のなかには、政治について論じた比較的まとまった記述が含まれている。それは、「実践哲学」部門の「課題E:何を通して自我にとって意欲はふたたび客観的となるのかを説明する」という節に添えられた「付論 Zusäze」として全体のなかに位置づけられている。この辺りの箇所を、前作からの進展がわかりやすいように、三つの点に整理しながらみていこう。

(1) まずシェリングは、おそらくフランス革命、特にジャコバン独裁を念頭に置きながら、次のように述べている。[18]「したがって、法的秩序を道徳的秩序へと転じようする企てがすべて、それ自体の倒錯性と最も恐ろしいかたちの専制によって、非難されるべきであるような直接的帰結をしめしていることには、なんら不思議はない」(III. 584)。つまり、「道徳的秩序」を絶対化するところでは、結果的に特定の人格による恣意的な支配が広がることとなり、平和よりもむしろ専制政治がはびこることになる。そうした反転を避けるためにも、シェリングは価値中立的な「力学 Mechanik」による統治こそが望ましいと示唆している。なおここには、自然法や法体制が結局のところは、個人間での物理的闘争を正当化してしまう装置になってしまいはしないかという、『新演繹』における危惧との共鳴も見て取れる。

ただし、前作からのつながりとともに、ここには進展もある。つまり、『新演繹』においては共同体が「絶対的意志」と名指され、ごく抽象的に描かれていたのに対して、ここでは「法体制」ないし「第二の自然」という実体として描かれているのだ(Vgl. III 583)。

(2) さらにもう一点、新たな展開も確認できる。国家が機械装置として描かれたことで、シェリングが人格的な支配(君主制)を批判していることが見て取りやすくなった。それでは、そうした無人格的な支配はいかにして実現されるのか。ここでシェリングは「三権分立」を引き合いに出しているが、ほんの一国がそれを実現するだけでは結局のところ「裁判官の意志」をもった個人が決断することになるだろうと、不十分さも指摘している。

よって、無人格的な理想の支配が成り立つためには、「個々の国家を超えた機構 Organisation、相互たがいにその体制を保証し合うすべての国家からなる連邦 Föderation」(III. 586)が必要であるとされている。ここでシェリングが、かれなりの仕方でカントの『永遠平和のために』を再論していることはいうまでもない[19]。

(3) こうしたカントからの影響は、もう一つの進展も示唆している。シェリングはここで、このような現在の分裂状況を普遍史的な過程のなかに位置づけているのだ(III. 587-604)。すなわち、『新演繹』においてシェリングは、個人の恣意的な自由と共同体の意志のあいだの不調和を描いたのに対して、ここでは「自由と合法則性との結びつきの問題、「まったく失われはしなかった理想があらゆる存在者の種族によって漸次的に実現すること」という「歴史の固有性」(590)を主題化している。シェリングの考えでは、歴史の主体は諸個人ではなく類 Gatuung である。しかし、現代においては、「個人が自由になればなるほど、いっそう葛藤も全体のなかで生じるだろう」という(598)。

こうした分裂状況は『新演繹』にも記されていたが、『体系』ではこうした悲劇が歴史段階のなかに位置づけられる。「歴史とは全体として、絶対者が継続して徐々にあらわとなる啓示のことである」（603）。そしてその啓示の過程は、①運命 Schicksal、②自然 Natur、③摂理 Vorsehung と三段階にわけられている（603-4）[20]。「運命」という第一の時代は、おおまかにはローマ共和国以前の古代世界を指している。そこでは支配者たちが、盲目的な暴力によってすべてを破壊した。そこには、自由や自己意識が際立つ余地はない。次の第二の時代「自然」は、盲目的な暴力としての「運命」が「自然の計画 *Naturplan*」あるいは、まさに「自然法 *Naturgesetzt*」として現れる広義の現代をしめしている。ここからも、『新演繹』での議論はこの第二の時代の状況に相応することがわかる。またこの時代においては、個人の自由は自然に対して一方的に仕えることでしか実現されないとされている。そして第三の時代である「摂理」には、自然と自由との対立が無差別となり、自然や必然性は自由として、自由は必然性として受けとられるようになる。こうした理想状態が「いつ」訪れるのかは「わからない」が、もし訪れるのであれば、そこには神が存在するであろうとシェリングは述べている。

なおシェリングにとって、現在は「自然」の時代であり、自由は必然性ないし自然へ強制的に仕えるかたちでしか成立し得ない。そしてまさに、自由が自然として、また自然が自由として感じられるような未来の理想状態にいたるための鍵として、ここでは「新しい神話」や「芸術」に期待がかけられている。ここにはあきらかに、シェリングの世紀末的な昂揚と期待が反映されている。

以上の内容からして、『体系』には三つの進展が見て取れる[21]。①「絶対的意志」とみなされていた共同体全体の意志が、「第二の自然」としての「国家」ないし「法体制」と呼ばれており、道徳や倫理とは切り離された客観法の領域に置かれている。②国家間の対立を調停する上位の存在として「連邦」の必要性が説かれている。またそれは、自由と必然性との統一を体現する存在ともみなされており、シェリングが後に展開する「有機的国家」論の萌芽だとも考えられる。③個人の絶対的自由が唱えられる点では同じだが、その実現過程がカント的な普遍史のなかに位置づけられている。

他方、『新演繹』とのあいだの問題関心の連続性も同時に見て取れる。第一に、シェリングはあいかわらず、ここでも共同体全体の意志を反映するはずの中立的な「法」が、各人によって自らの利益を拡大するために利用されることで、結果的にだれか特定の個人のための恣意的な支配のための道具となることを危険視している。すなわち、国家や法は自由の実現を助けるかぎりで利用されるのであって、それ自体が人間の自由を保証するわけではない[22]。こうした洞察には、当時まだ色濃く残っていた混迷のフランス革命にたいする記憶が反映されていよう。またその第一の点から帰結する第二の点として、シェリングはまたしても、そのような法的対立は法自体によっては解決されず、「芸術」や「新しい神話」、「新しい学」といった内面的な動機づけによって緩和される必要があることを問うている。

本稿では扱うことができないが、この十年後に講じられた『シュトゥットガルト私講義』[23]でも、この内的動機づけの源泉を新しいかたちの宗教に求めるという点では字面のうえでは変化があるようにみえるが、基本的にこの二つの点で変わらず一貫しており、さらに踏み込んで言えば、それらは『神話の哲学』や『啓示の哲学』といった後期の思想にも通底しているモチーフなのである。

結

ハーバーマスの古典的な図式において、シェリングの国家論は以下の三段階の変遷として特徴づけられていた[24]。

①『超越論的観念論の体系』（一八〇〇年）に代表されるカント主義的な民主的共和制の国家

②『シュトゥットガルト私講義』（一八一〇年）に代表される人類の堕落の象徴としての必然たる国家

③『神話の哲学』（一八四〇～五〇年代）での叡知的秩序に取って代わった服従すべき対象としての世俗国家

しかし、ここまでの考察でみられたように、①以前の著作である『新演繹』を視野に入れることで、シェリングという思想家の主張や内容の「変遷」よりも問題関心の「一貫性」のほうが、いっそう浮かび上がってきたのではないだろうか。

シェリングは、人びとのあいだの衝突を緩和ないし調停するはずの「法」がもはや機能せず、たんなる他者支配のための道具になってしまっているという、近代社会の根本的な病である「正統性喪失 Legitimationsverlust」の状態[25]を鋭く察知していた。そうした状態に対する処方箋としてシェリングが掲げた「新しい学」とは、そこから新たに社会的前提を構築する試みでもあったのだ。それが指すところは、神話や芸術など様々であったわけだが、こうした発想は、ソレルやローゼンベルクなどといった二〇世紀前半の思想家たちの企てを先取りしてもいる。しかし、同時に喚起されるべきなのは、シェリングが、そうした病める近代社会への「啓蒙」が全体主義へといたらしめる「神話」にいつでも反転しうるという、「啓蒙の弁証法」のメカニズムにも敏感であったことである[26]。

注

（1）シェリング政治哲学にかんする解釈史ないし研究史については、二〇世紀後半のドイツ語圏に限ったものではあるが、（中村 2022）を参照。

（2）シェリング自身のことばについては、本文中に引用先を表記する。なお『歴史批判版全集』については「AA」と、『息子版全集』については「SW」と略記して、その後に巻号と頁数もしるす。

（3）この論考全体が『哲学雑誌』以外で読めるようになったのは、死後に刊行された全集（SW版）によってである。一八〇九年の生前に刊行されたシェリング自身による『哲学著作集第一巻』には、この『新演繹』は含まれなかった。そのことから、シェリング自身がこの論考を十分に成功した作品だとはみなしていなかったとも考えられる。

（4）（Schröder 2012）を参照。

（5）カントやルソーの哲学と「新しい神話」とのあいだの連関については、（Sturma 2000, 224-230）を参照。十八世紀以降のより広範な哲学史的概観のもとに「新しい神話」を捉える試みとしては、（Frank 1982）を参照。

（6）ただし、シラーがあくまで美的な「国家」を目指しているのに対して、かれらは、「新しい神話」が実現するところでは、「国家」をも廃絶されるとみなしている。

（7）（田端 2019, 232）を参照。

（8）Vgl. AA I, 3, 123.

（9）例えばシェリングは、『新演繹』のなかで次のようにしるしている。「よって、権利の学（それは長い間、道徳からけっして分けられず、今にいたるまでなおこの学との関係を踏まえても、まったく無規定であった）は、ただひとえに、義務の学と対立して自らを主張する」（§69, AA I, 3,153）。

（10）この点については、主に全集編者のヤーコプスによる報告を参照した。（Vgl. AA I, 3, 115-35）。

(11)『自我論』においてシェリングは、「無制約者das Unbedingte」について以下のようにのべている。「制約する*Bedingen*とは、それによって或るものが物*Ding*となる作用を意味し、制約される*bedingt*とは、物たらしめられたところのものを意味する。ここから同時に明らかになることは、何ものも自己自身によっては物として措定され得ないということ、すなわち無制約的な物というのは矛盾であるということである。つまり無制約的*Unbedingt*とは、けっして物たらしめられていないところのもの、まったく物とはなり得ないところのものである」(SW I, 166)。

(12)『哲学雑誌』の別の寄稿者であるラインハルトという人物は、次のように述べている。「人間という[…]自由でもって固有の目的を形成する意欲的な存在は、こうした支配が自然によって制限され得ることがない、自然の主人でなのである」(*Philosophisches Journal Jg. 1795 2 Bd. 3 Hefte*, 228; Schröder 2012, 26)。なおこの「ラインハルト」が、Philipp Christian Reinhardであるか、Johann Jacob Reinhardであるか、Johann Theodor Reinhardであるかは定かではない(Schröder 2012, ebd.)。

(13)権利と義務の関係については、『自我論』のなかでも軽く触れられている(SW I, 233)。

(14)なおシェリングは、「強制する」という言葉のニュアンスについて次のように規定している。「言葉の最も普遍的な意味で、誰かを強制するということは、かれの意志の形式を実質によって制約することである。この説明は、言葉のより狭義の意味における物理的な(外的な)強制を包括すると同様に、心理的な(内面的な)強制をも包括している」(Vgl. §147)。この点については、(Hofmann 1999,85)も参照。

(15)(Schröder 2012, 32)を参照。

(16)ホフマンはこの「新しい学」の解釈をめぐって、(1)シェリングの自然哲学か、(2)歴史哲学か、(3)新しい神話か、といった三つの可能性を提示したうえで、(3)が最も有力であると考えている(Hofmann 1999, 87-8)。

(17)このような主張は一見大胆におもわれるかもしれないが、これまでのシェリング研究の動向に連なるものでもある。例えばダンツは、「自由で哲学的な認識の宗教」(SW XIII, 192)を追求するという問題関心が、初期の『学問論』から後期の『啓示の哲学』をも貫いていると示唆している(Danz 1996)。ただし、かれの研究は『新演繹』ではなく、『学問論』に出発点をみているという点で、本稿とは視座が異なる。

(18)シュラーヴェンもここに、シェリングのフランス革命批判を見て取っている(ザントキューラー 2006, 274)。

(19)ヤーコプスは、シェリングが『新演繹』をしるしたときには、『永遠平和のために』をすでに読むことができたと想定している（Vgl. AA I, 3, 124）。しかし、実際のところは、『新演繹』にはそのような直接的言及や影響はみられず、一八〇〇年の『体系』でようやくみられる。

（20）「運命」「自然」「摂理」といった語彙は、あきらかにカントの『永遠平和のために』からの援用である（Vgl. Kant 1971, 360-2）。これらは、自然がその目的を実現していく移行過程のことである。

（21）『体系』における進展については、（日暮 1994）を参照。

（22）『体系』にはほかにも次のようにある。「一般的な法体制は自由の条件 Bedingung である、というのも、それがなければ自由に対していかなる保証も存在しないからである。〔…〕自由は決して優遇措置であるべきではない〔…〕。ところでしかし、やはりこうした秩序は自由によってしか実現され得ず、それを創設することは唯一自由にのみ委ねられる」（SW III, 593f.）。

（23）この読解については、（中村 2020, 123-5）を参照。

（24）（Habermas 1978, 172-7）を参照。

（25）この言葉をシェリング哲学の動機として用いたのは、ホフマンである（Hofmann 1999, 105）。

（26）本稿は、二〇二一年度提出の博士学位論文『反政治の黙示録としての哲学と宗教——シェリング政治哲学研究序説』の「第3章」の第1節と第2節の内容を大幅に簡略化したものである。なお本研究は、JSPS 科研費（20J21196）の助成を受けたものである。

参考文献

Beiser, Frederick C. 1992: *Enlightenment, Revolution, and Romanticism: The Genesis of Modern German Political Thought 1790-1800*. Cambridge.〔バイザー、杉田孝夫訳『啓蒙・革命・ロマン主義——近代ドイツ政治思想の起源一七九〇－一八〇〇年』法政大学出版局、二〇一〇年〕

Danz, Christian 1996. *Die Philosophische Christologie F. W. J. Schellings*. Stuttgart.

Frank, Manfred 1982: *Der kommende Gott. Vorlesungen über die Neue Mythologie, I. Teil*. Frankfurt/Main.

Habermas, Jürgen 1978: Theorie und Praxis: Sozialphilosophische Studien. Originale Version im 1963 von Hermann Luchterhand Verlag GmbH. Frankfurt/Main.〔ハーバーマス、細谷貞雄訳『理論と実践』未来社、一九七五年〕

Hofmann, Markus 1999: *Über den Staat hinaus. Eine historisch-systematische Untersuchung zu F. W. J. Schellings Rechts- und Staatsphilosophie*. Zürich.

Kant, Immanuel 1971: *Werke 8 Abhandlungen nach 1781* (*Akademie-Textausgabe*). Berlin.

Schelling, Friedrich Wilhelm Josef 1856-61: *Sämmtliche Werke*. hg. v. Karl Friedrich August Schelling. Stuttgart/Augsburg. [= SW]〔田村恭一訳「哲学の原理

としての自我について」『シェリング著作集1a』文屋秋栄、二〇二〇年〕〔久保陽一・小田部胤久編『シェリング著作集2——超越論的観念論の体系』文屋秋栄、二〇二二年〕

Schelling, Friedrich Wilhelm Josef 1962: *Briefe und Dokumente von 1775-1809*. hg. v. Horst Fuhrmans. Bonn.

Schelling, Friedrich Wilhelm Josef 1976ff.: *Historisch-kritische Ausgabe. Im Auftrag der Akademie der Wissenschaften*. hg. v. Der Schelling-Kommision der Bayerischen Akademie der Wissenschaften. Stuttgart-Bad Cannstatt. [=AA]〔長島隆、日暮雅夫訳「自然法の新演繹」『日本医科基礎科学紀要第11号』一九九〇年〕

Schiller, Friedrich 1962: „Über die ästhetische Erziehung des Menschen in einer Reihe von Briefen". in: *Schillers Werke. Nationalausgabe Band 20*. Weimar.

Schröder, Wolfgang M. 2012: „Naturrecht, das sich selbst zerstört. Zur historisch-rechtstheoretischen Kontextualisierung von Schellings *Neuer Deduction des Naturrechts* (1796/97)": in: *Der Anfang und das Ende aller Philosophie ist – Freiheit!" Schellings Philosophie in der Sicht der neueren Forschung*. hg. v. Friedrich Hermanni/Dietmar Koch/Julia Peterson. Tübingen. 46-77.

Sturma, Dieter 2000. "Politics and the New Mythology: The turn to Late Romanticism." In *The Cambridge Companion to German Idealism*. ed. by K. Ameriks. Cambridge. pp. 219-238.

Allgemeine Literatur-Zeitung 1785-1949. Thüringer Universitäts- und Landesbibliothek Jena.

ハンス・ヨルグ・ザントキューラー編、松山壽一監訳『シェリング哲学—入門と研究の手引き』昭和堂、二〇〇六年。

ホルクハイマー／アドルノ、徳永恂訳『啓蒙の弁証法——哲学的断想』岩波書店、二〇〇七年。

田端信廣『書評誌に見る批判哲学—初期ドイツ観念論の展相——『一般学芸新聞』「哲学欄」の一九年』晃洋書房、二〇一九年。

中村徳仁「政治思想家としてのシェリング——その国家論を手掛かりに」『シェリング年報』28号、日本シェリング協会編、二〇二〇年。

中村徳仁「正統と革命のはざまに立つシェリング——20世紀後半のドイツ語圏における政治思想的解釈史」『シェリング年報』30号、日本シェリング協会編、二〇二二年。

日暮雅夫「シェリングの社会哲学——自由論の展開と国家の構想」『シェリング読本』法政大学出版局、一九九四年。

（なかむら のりひと・テュービンゲン大学博士研究員・思想史）

研究ノート

牧野広義氏の拙著『市民社会論―その理論と歴史』への批判に応える

吉田傑俊

Ⅰ　応答提出の経過

牧野広義氏は、関西唯物論研究会編『唯物論と現代』六六号掲載の論稿「『資本』に対抗する民主主義とアソシエーション」において、私の旧著『市民社会論―その理論と歴史』（大月書店、二〇〇五年、以下『市民社会論』）について、「私は、吉田氏のマルクス解釈における『市民社会』の『三層』論には同意できない」として、私の旧著を批判された。

牧野氏の批判は、その論稿の副題が、「芦田文夫『「資本」に対抗する民主主義―市場経済の制御と「アソシエーション」』（本の泉社、二〇二一年）を読んで―」であるように、この論稿は芦田氏の前記の労作の検討を主題とするものである。芦田氏は、この著書のⅡ部で市民社会論を検討され、私の所論を「菅見の限りでは吉田傑俊氏のような「市民社会」概念の整理にもっとも共感をおぼえるものである。それは、マルクスの理論にあってはいわば「階級社会史観」とともに「市民社会史観が両立して、それらが内在的な相互関係にあるとし、その「市民社会」という用語が使われている内容をつぎのような三層―①「これまでのすべての歴史的諸段階に当然存在した生産諸力によって規定され、逆にそれを規定しかえす交通形態」としての歴史貫通的な「土台」としての市民社会、生産様式・交通形態、生産諸関係という意味、②ブルジョア的市民社会＝資本主義社会、③「諸階級とその敵対関係を排除する一つの協同社会としての市民社会―からなる重層的なものとしてとらえる。……従来、その「階級社会」論の側面が強調され、「市民社会」論の側面が軽視されてきたといえるが、マルクス市民社会論の全体的検討をとおしてその現代的意義は寧ろ大きくなっているとして、両者の区別と結節をふまえて、市民間関係の平等性を軸にして不平等の根源である階級関係に迫っていく……私の課題意識もこのような整理とほぼ同じところにあ（る）」（一五三―四頁）と要約された。このような評価は拙著が出版された当初にも受けており、今回献呈をうけたこの新著にも継続されたことに、私はいささか自負も感じた次第であった。

しかるに、牧野氏は、芦田氏の著書における私の旧著への「評価」に対する異論の論拠として、私の旧著への「間接的」な批判をおこなわれた。他者への書評的論稿中に第三者への批判を行うことは常識的には決して適切とは思えない。さらに、一義的には芦田氏が牧野氏への異論に対応（か無視）されるか判らないが、牧野氏の私の旧著に対する批判には、私自身その内容に無視しえないところがあり、『唯物論と現代』の編集委員会の了解をえて、応答する機会をえた。ゆえに、私は旧著の主旨を紹介したうえで、牧野氏の批判に応えたいと思う。

Ⅱ　拙著『市民社会論』の主旨

まず、牧野氏が批判された拙著の主な論点を要約すれば、以下のものである。

拙書の基本的骨子となっているのは、マルクスとエンゲルス（以下マルクスに略）の歴史観には二つの構成要素があり、その両者の結節によって成立しているという視点である。周知のように、マルクスはルソーの homme オム＝人間と citoyen シトワイヤン＝市民や、ヘーゲルの Bürger＝ブルジョア的私人と Staatsbürger＝公民の対立を媒介し、市民社会と国家の対立の止揚を図ったというのがマルクスの唯物史観への一般的理解である。このような理解を前提しつつ、私は、この唯物史観を「市民社会史観」と「階級社会史観」の結節という観点から考察できないかを検討した。むろん、この二つの歴史観は「対立」ではなく「補完」関係にあり、それは具体的には「近代社会」の把握に証明される。つまり、近代社会を前者は「生産と交通」が全面展開する近代ブルジョア的市民社会として、後者は「生産手段の私的所有」を主軸とした資本・賃労働関係の全面展開とする階級的資本主義社会として示す。ここから、前者は社会の疎外物としての国家の市民社会への「再吸収」の方向を示し、後者はブルジョア国家の「止揚」の方向を示す、と位置付けた（拙著、五七–八頁）。その思想的インパクトとしては、二〇世紀末の「国家主義的」社会主義のソビエト崩壊とその後の「新自由主義的」資本主義の席捲と、それに抗する市民運動の一定の高まりがあった。

こうした観点から、私は、マルクスの歴史観が次のほぼ同時期の二つの命題にみられる歴史観の結節に基づく、と把握した。

A「これまでのすべての歴史的諸段階に当然存在した生産諸力によって規定され、逆にそれを規定し返す交通形態 Verkrhrsform とは、市民社会 die bürgerliche Gesellschaft のことである。……この市民社会が全歴史の真のかまどであり、舞台である」（マルクス・エンゲルス『ドイツ・イデオロギー』花崎皋平訳、合同出版、七三頁）

B「これまでのすべての社会の歴史は、階級闘争 Klassenkämpfen の歴史である」（『共産党宣言』『マルクス・エンゲルス全集』第四巻、大月書店、四七五頁）。

私は、Aは「生産と交通」にもとづく「市民社会」の展開として「市民社会史観」、Bは「階級闘争」を基軸にした階級社会の展開として「階級社会史観」として略称した。そのさい、私は、当時、一般にはマルクス主義が前者Aの観点よりは後者Bの観点に重点が置かれていると認識し、「市民社会史観」をフォローする研究を始めた。そして、そこには、芦田氏が指摘された、つぎのような市民社会の歴史的段階規定があることを認識した（『市民社会論』六〇–六二頁）。

（1）「これまでのすべての歴史的諸段階に当然存在した生産諸力によって規定され、逆にそれを規定しかえす交通形態 Verkrhrsform とは、市民社会 die bürgerliche Gesellschaft のことである」（『ドイツ・イデオロギー』）であり、これを歴史貫通的な市民社会と略称した。

（2）「〈市民社会〉という言葉は、一八世紀に現れたが、そのときというのは、所有関係がすでに古代と中世の共同体からぬけだしおえたときであった。市民社会それ自体は、ブルジョアジーとともにだけ発展するのであるが、生産と交通から直接に展開される社会的組織体は、いつの時代にも国家およびその他の観念論的上部構造の土台をなしていて、たえずこれとおなじ名前でよばれてきた」（同、一六三頁）。これは、一八世紀に現れ、ブルジョアジーとともにだけ発展する近代の市民社会である。だが、この市民社会は、いつの時代にも上部構造の土台をなす「生産と交通から直接に展開される社会的組織体」とおなじ名前（すなわち市民社会）とよばれてきたものとし、①の市民社会と区別されている。これを、一八世紀に現れた近代ブルジョア的市民社会と略称した。

（3）「労働者階級は、その発展の過程において、諸階級とその敵対関係を排除する一つの協同社会（une association）をもって、古い市民社会（l'ancienne société civile）におき代える（an setzen、移す）であろう。そして、本来の意味での政治権力は存在しなくなるだろう。なぜなら、まさに政治権力は市民社会（la société civile）における政治権力の公式の要約だからである」（『哲学の貧困』『全集』第四巻、一九〇頁）。これは、諸階級とその敵対関係を排除し一つの協同社会（une association）に向かう、将来社会の市民社会と略称した。

このように、マルクスは市民社会概念を、歴史貫通的市民社会→ブルジョア的市民社会→協同社会としての市民社会に区分して規定した。この三層の市民社会は、（1）の市民社会は、（2）の市民社会を内包し貫徹するものであるが、最終的には（3）の市民社会に向かうものと理解できる。では、マルクスはこの市民社会自体をどのようなものと認識し、それがいかに階級関係と関わっていると捉えていたか。それは、以下である。

市民社会について、「その形態がどんなものであるにせよ、社会（la société civil）とはいったい何でしょうか？　人間の相互行為の産物です。人間には、あれこれの社会形態を選択する自由があるでしょうか？　けっしてありません。もし人間の生産諸力の一定の発展状態を前提するならば、そこにはまたそのような交易（交通）と消費との形態があるでしょう。もし生産、交易、消費の一定の発展度を前提するならば、そこにはまたそのような社会的構成の形態、そのような家族や諸身分や諸階級の組織、一言でいえばそのような市民社会（société civil）があるでしょう」（「アンネンコフへの手紙」『全集』第四巻、五六三頁）。市民社会とは端的に、人間の相互行為の産物、交易（交通）と消費との形態、家族や諸身分や諸階級の組織の総称なのである。

また、市民社会と階級社会の関係については、『ドイツ・イデオロギー』中の「社会革命の基礎としての生産諸力と交通形態とのあいだの矛盾」という一節がある。「生産諸力と交通形態とのあいだのこうした矛盾は、われわれがみたように、すでになんどとなくこれまでの歴史のなかにあらわれた。それは、歴史の基礎をおびやかしはしなかったけれども、そのたびごとに爆発して、ひとつの革命を生ぜざるをえなかった。そのさい矛盾は、同時にさまざまな副次的形態、すなわち諸あつれきの総体、意識の矛盾、思想闘争等々、政治闘争等々の形態をとった。……このように、歴史上のあらゆるあつれきは、われわれのみかたによれば、その根源を生産諸力と交通形態とのあいだの矛盾のうちにもっている」（一二九-一三〇頁）。ここに、社会革命の基礎が生産諸力と交通形態とのあいだの矛盾にあり、①の意味の市民社会が②の意味の市民社会の土台であることも明らかにされている、と捉えたのである。

　では、このような市民社会論を内在するマルクス主義について、戦後初期の日本での研究はどのような状態であったか。それは、一九七〇年代まで概して活発でなかったといえる。もっとも、内田義彦や高島善哉などの「市民社会派マルクス主義」と称される人々は、マルクスの「市民社会」と「資本主義社会」の区別と連関を研究していた。たとえば、内田の『経済学の生誕』（未来社、初版一九五三年、増補版一九六二年）には、「一般に、市民社会 die bürgerliche Gesellschaft というとき、二つの側面がふくまれていることに注意せねばならぬ。第一に、それは資本主義社会という（原始共産制社会、奴隷制社会、社会主義社会等とあいならぶところの）一つの、歴史的な社会構成体として。第二に、あらゆる社会形態を通じて、法、あるいはイデオロギー等々の上部構造に対して、それを規制するところの経済的下部構造として」（三四六頁）と表現されていた。これは、協同体に移行する市民社会の規定にふれない以外は、先に検討したマルクスの市民社会概念とほぼ一致する認識であった。

　だが、戦後の市民社会研究を促進させる一つの契機となったのは、平田清明『市民社会と社会主義』（岩波書店、一九六九年）であった。この一九六〇年代後半は、アメリカのヴェトナム侵略が続行され世界的な反戦運動が高まる一方、ソ連軍のチェコ侵入やソルジェーニツィン問題の発生、さらに中国での「文化大革命」の開始など、「社会主義」をめぐる多くの問題が噴出した時期であった。この時、市民社会と社会主義を結節させようとする平田の問題提起は、マルクス主義にも一つの刺戟を与えるものだった。

　平田の此著によれば、マルクスの市民社会は「『私的諸個人』が対等な所有権力者として自由に交際（交通）しあう社会」であり、そこにおける「生産と交通と消費における個体の自己獲得」すなわち「個体的所有」を保持する状態である」（五六–七頁）。だが、この個体的所有は、現実には、生産手段・生活手段が私有されることによって、「私的所有」としての形態規定を受けている。それゆえ、市民的生産様式は、資本家的生産様式に「転変」する。しかるに、この転変においても、「自由・平等という市民的原理」は形式的には保存されているが、すでに質的転変をとげた私的所有の不平等によって、それは「おのれの仮象としての外形」にすぎない」（五九頁）。このように、平田は、市民社会と資本主義社会の関係を「生産と交通」における本質とその「私的所有」という疎外態として規定した。しかし、平田のこの「生産と交通」における「自由・平等」という市民社会の本質と資本主義的「私的所有」という疎外態への「転倒」が、「私的所有」による必然によるものではなく、「市民社会の資本家社会への不断の転成の過程」として、現実の市民社会は存在する」（五二頁）とみなすところに、市民社会概念の理念的・先験的抽象性があった。

では、戦後日本のマルクス主義は、平田の市民社会論にどのように対処したであろうか。戦後初期のいわゆる「近代主義」者たちへの厳しい批判にみられたように、戦後マルクス主義は、一般に「近代」や「近代化」に慎重な立場を取り、目標である「超近代」としての社会主義とそこに向かうべき「民主化」を対置した。だが、近代すなわちブルジョア的市民社会＝資本主義社会を止揚するには、その内在的特質が認識されねばならないのは必須だが、その観点が希薄であったことも否めなかった。それは、当時のマルクス主義を代表する一人の見田石介の平田の市民社会論批判である「平田清明氏はマルクスをいかに『発見』するか」（一九七〇年）（『見田石介著作集』大月書店、第五巻）に端的にみられた。

それは、まず平田のいう「市民社会」概念の一般的否定である。見田はマルクスの『経済学批判』序言を引きつつ、マルクスの市民社会とは「生産諸関係の総体を意味し、社会の全上部構造に対する土台のこと」（二〇五頁）であり、またマルクスが市民社会を「資本主義社会という意味以外に用いるのは、「どんな場合でも、一般的に生産関係、経済関係の総体という意味においてだけである。そうであってこそ、それは社会の全上部構造を終局的に規定する土台、かまど、舞台となりうる」（二〇八頁）とし、市民社会概念をあくまで全上部構造を終局的に規定する土台と規定する。それは、私のいう②のブルジョア社会の把握であり、そこにおける土台・上部構造関係の土台としての規定のみがあった。さらに、「共同体とならんで一つの特定の歴史的な『市民社会』が、いったいどうして、その共同体をも含めたすべての社会体制の超歴史的な根底としての『かまど』『舞台』でありうるだろうか」（二〇九頁）と批判する。ここには、私のいう①の歴史貫通的な市民社会の位置づけが欠如していたといわねばならない。もっとも、平田も、共同体の転変としてのみ①の市民社会を捉えることに終わっていた。ゆえに、平田も見田も、市民社会の三層的構造を認識せず、両者は双方が市民社会史観と階級社会史観への傾斜を強め、その結節は不可能だった。

だが、この平田・見田論争以後、それを契機としてマルクス主義者における市民社会論研究は、七〇年代後半から八〇年代前半にかけて進化を遂げたといえる。それは、藤野渉や古賀英三郎の仕事にみられる。藤野は、「マルクスにおける市民社会の概念」（『マルクス主義と倫理』青木書店、一九七六年所収）において、初期マルクスの諸文献の検証によって、その市民社会概念の重層性を解明した。その結論は、次のようなものであった。

「マルクスにおける市民社会は、（一）従来のあらゆる歴史的段階上に存在する生産諸力によって条件づけられた、そしてまたこの生産諸力を条件づけもするところの交通形態、諸個人の物質的交換全体であり、あらゆる歴史のほんとうのかまどであり、現場であり、いつの時代にも国家およびその他の観念的上部構造の土台をなしているものであり、（二）エゴイズムの領域、類的存在者としてでなく、私的人間としての個人達の社会、人間と共同体から分離されたモナド的エゴイスト的人間の社会であり、（三）フランス革命とナポレオン以後、ブルジョアジーによってポジティヴに代表される、階級社会としてのブルジョア社会である。この三つの側面を一つも見失ってはならない」（二一三頁）。このような藤野の論稿は、私のいう③の市民社会の規定がやや不充分にみえたが、マルクス主義のほぼ始めての重層的な市民社会の解明であった。そして、その後につづいて、マルクス市民社会論の解明を行ったのが、古賀英三郎であった。古賀は、それを『大月　経済学辞典』（大月書店、一九七九年）の「市民社会」の項目に執筆した（残念であったが、私はそれを拙著『市民社会論』に反映することができなかった。その後、私はこの規定を「戦後マルクス主義における『市民社会論』・『自由と民主主義論』の意義と課題」（岩佐茂他編『戦後マルクス主義の思想』社会評論社、二

○一三年所収）で意義づけた。この論稿もぜひ参照されたい）。

古賀は、市民社会をcivil society, bürgerliche Gesellschaft, société civile の訳語としたうえで、「ドイツ語の die bürgerliche Gesellschaft という言葉が、往々ブルジョア社会と訳され、資本主義社会と同義に用いられることがある。しかし市民社会と資本主義社会とは同じではない」と前提したうえで、以下のように説いた。「市民社会は、産業革命により資本主義社会が階級社会として確立する以前の階級の支配する社会を意味すると同時に、資本主義社会の基底にある商品生産関係をさす。この関係を基礎として自由・平等・友愛の市民社会の原理がなりたつ。だが資本主義社会が階級社会として確立することによって、これらの原理は形式化する。これらの原理を実質化して、より高い次元で確立するのが社会主義・共産主義の社会であるといえよう。人類の歴史は、無階級社会（原始共産制）→階級社会（奴隷制・封建制・資本主義社会）→無階級社会（共産主義社会）という視点と、さらに共同体（原始的・アジア的・古典古代的・ゲルマン的）→市民社会→自由人の連合という視点とを重ね合わせてみることが必要であろう。市民社会は、共同体（communauté）の絆を断ち切ることによって自由で独立な市民を作り出したが、階級支配を廃絶することはできなかった。社会主義・共産主義の社会は、階級支配を廃絶することによって市民社会の実質化としての自由人の連合（association）を実現する。これが現代の先進国革命の課題となっているといえよう」と規定した（四二七頁）。

ここに記述されている内実は、私の提起する市民社会史観と階級社会史観の三段階の結節とほぼ同義であった。ここでの市民社会はまず資本主義社会以前の社会でもあるが、なにより資本主義における商品生産関係がもたらす「自由・平等・友愛の原理」となるが、それを階級社会としての資本主義が「形式化」するが、社会主義・共産主義が「市民社会の実質化」であると位置づけられている。そして、この方向こそ、芦田氏の著作が全体として追及された方法と内実であるとも考えられる。

以上で、私の旧著『市民社会論』のごく簡単な主旨の記述を終え、これらの観点をふまえて、牧野氏への応答を行いたい。

Ⅲ　牧野氏の批判に対する私の応答

牧野氏の論稿「『資本』に対抗する民主主義とアソシ

エーション」は、前記の芦田氏の著書『「資本」に対抗する民主主義』のⅡ部一章「「市民社会」と自由―民主主義」四節「「市民社会」概念のいちおうの整理」という記述に対して、つぎのように指摘された。

「芦田氏は、マルクスの「市民社会」概念については、吉田傑俊氏の次のような整理に『もっとも共感を覚える』（一五三頁）という。それは、マルクスにおいては「階級社会史観」と「市民社会史観」とが両立するのであって、「市民社会」は、①「これまでのすべての歴史的諸段階に当然存在した生産諸力によって規定され、逆にそれを規定しかえす交通形態」としての歴史貫通的な「土台」としての市民社会、②ブルジョア的市民社会＝資本主義社会、③「諸階級とその敵対関係を排除する一つの協同社会」としての市民社会、という三層からなる、」という整理である（芦田、一五三頁）。……しかし私は、吉田氏のマルクス解釈における『市民社会』の『三層』論には同意できない」として以下の批判を展開された（同誌、三七-九頁）。

牧野氏の、私の「三層論」に対する批判は大きくは次の二点である。第一点は、①の市民社会規定と②の市民社会規定との関係の否定、第二点は③の市民社会規定の否定である。第一点から検討したい。牧野氏は、「確かに、マルクスとエンゲルスは、『ドイツ・イデオロギー』（一八四五-四六年）において「市民社会」を①と②との両義性をもったものとして論じた。しかし、マルクスは『経済学批判』（一八五九年）の「序言」において、ヘーゲルの「市民社会（die bürgerliche Gesellschaft）概念を「生活諸関係の総体」として紹介しながらも、自分自身の経済学研究の「導きの糸」の「定式化」においては、「市民社会」概念を吉田氏の言う①の意味では使わない。そして、かつての①の「市民社会」を、「生産関係の総体」である「社会の経済構造」ととらえ、これが「実在的土台」である。……こうしてマルクスは、かつての①と②との両義性を解消したのである」（三七頁）と論じられた。

まず、この点について、私の見解を記したい。牧野氏も、マルクスとエンゲルスは『ドイツ・イデオロギー』（一八四五-四六年）において「市民社会」を①と②との両義性をもったものとして論じた、とする。だが、『経済学批判』において、①と②の市民社会規定は両義性を解消されたとする。だが、この①と②の市民社会は解消されるべきものであろうか。

周知のように、『ドイツ・イデオロギー』（前掲書）は、「人類史の最初の前提」を「生きた人間的諸個人」に確認し（三〇頁）、つぎに彼らの「生産」と「交通」に求めた。「生産は、人口の増加によってはじめて出現する。人口の増加はそれ自身また諸個人相互のあいだの交通「Verkehr」を前提している。この交通の形態は、こんどは生産によって規定されている」（三一頁）。そして、この命題はとくに「交通」概念を歴史化され、「これまでのすべての歴史的諸段階に当然存在した生産諸力によって規定され、逆にそれを規定し返す形態とは、市民社会のことである。……この市民社会が、全歴史の真のかまどであり、舞台である」（七三頁）と規定された。まさに、この意味での①「市民社会」概念は、「生産」概念とともに唯物史観の原点であり根底を示すものである。

もっとも、この書の後半には、近代に出現した「大工業」に触れられ、「大工業と自由競争のもとでの生産諸力と交通諸形態とのあいだの矛盾の発展。労働と資本の対立」について論じられ（一五四頁）、そこに現れる市民社会をも対象とされる。だが、この段階での市民社会は、つぎのように規定される。「〈市民社会〉という言葉は、一八世紀に現れたが、そのときというのは、所有関係がすでに古代と中世の共同体からぬけだしおえたときであった」時点の市民社会である。さらに、この市民社会については、さらに念をおすようにつぎのように追加される。「市民社会それ自体は、ブルジョアジーとともにだけ発展するのであるが、生産と交通から直接に展開される社会的組織体は、いつの時代にも国家およびその他の観念論的上部構造の土台をなしていて、たえずこれとおなじ名前でよばれてきた」（一六三頁）。つまり、一八世紀に現れ、ブルジョアジーとともにだけ発展する市民社会は、いつの時代にも上部構造の土台をなす「生産と交通から直接に展開される社会的組織体」とおなじ名前（すなわち①の意味での市民社会）とよばれてきた、と規定されている。

要するに、ここでの二様の市民社会は名前は同じ市民社会であるが、まったく別の市民社会であることが明示されている。この一八世紀という特定の歴史に現れた市民社会を、私は②ブルジョア的市民社会と捉えたのである。確認すべきは、次のことである。①と②は名称は同じだが、明確に区別される概念である。②は①の歴史的一段階としての市民社会である。ゆえに②が対象とされた段階でも、①が解消されたのではない。②は①の一形態であり、『ドイツ・イデオロギー』における「市民社会」は「両義性」をもつものではない。

ところが、牧野氏は、『ドイツ・イデオロギー』の両義性説から、『経済学批判』（一八五九年）に移り、これが、かつての氏の両義性説を解消し、「市民社会＝ブルジョア社会」は「人間的社会」のための物質的所有条件を生成させる「前史」であることを示すもの、とする（三七頁）。たしかに、②「ブルジョア社会」としての市民社会の分析が開始されるのは、『経済学批判』（一八五九年）であり、「序言」にはこう記された。

「ヘーゲルは、一八世紀のイギリス人およびフランス人の先例にならって、『市民社会』という名のもとに総括しているのであるが、しかしこの市民社会の解剖学は経済学のうちに求めなければならない、ということであった。……私の研究にとって導きの糸として役立った一般的結論は、簡単にいえば次のように定式化することができる。人間は、彼らの生活の社会的生産において、一定の、必然的な、彼らの意志から独立した諸関係に、すなわち、彼らの物質的生産諸力の一定の発展段階に対応する生産諸関係にはいる。これらの生産諸関係の総体は、社会の経済的構造を形成する。これが実在的土台であ（る）……大づかみにいって、アジア的、古代的、封建的、近代ブルジョア的生産様式を経済的社会構成のあいつぐ諸時期として挙げることができる。ブルジョア的生産諸関係は、社会的生産過程の最後の敵対的形態である。……したがって、この社会構成でもって人間社会の前史は終わる」（『全集』第一三巻、六－七頁）。

ここには、「生産と交通」概念から「生産・市民社会」概念への発展が、さらに「生産力・生産関係」への発展的転換により唯物史観がいっそう具体的に進展された。ただし、この唯物史観の経済学的発展が、①の市民社会における、人類史における諸個人の Verkehr（生産を軸とする物質的・精神的な交流・交通概念）を②の市民社会における生産関係概念に限定することになり、市民社会概念を一定程度制限したことは否めない。そして、ついでにいえば、この制約が、ハーバマスのコミュニケーション的行為論やアーレントの政治的活動論を惹起させたといえよう（これらの理論については拙著第四章で批判的に検討した）。

だが同時に、この「人間社会の前史」の終わりの規定によって、マルクスはその「本史」の在り方に考察を進めたといえる。つまり、①の市民社会は歴史貫通的なものである限り、それは②のブルジョア市民社会以後も存在するし、「人間社会の前史」以後の「本史」も、具体的名称と内実をもった市民社会の一形態であり、②の「ブルジョア的市民社会」の否定としての、③「協同体（アソシエーション）

としての市民社会」と規定した。それを示すものが、『ドイツ・イデオロギー』と『経済学批判』のあいだに考察された『哲学の貧困』（一八四七年）と『共産党宣言』（一八四八年）における考察であり、私はそれを③「諸階級とその敵対関係を排除する、一つの協同社会としての市民社会」論と捉えたのである。

　この点が、牧野氏の第二の批判点、協同体としての市民社会の否定問題に関わる。まず、マルクスの次の二つの協同体の導出をみよう。

（A）「労働者階級は、その発展の過程において、諸階級とその敵対関係を排除する一つの協同社会（une association）をもって、古い市民社会（l'ancienne societe cibvile）におき代えるであろう。そして、本来の意味での政治権力は存在しなくなるだろう。なぜなら、まさに政治権力は市民社会（société civil）における政治権力の公式の要約だからである」（『哲学の貧困』一九〇頁）。（ここでの訳語「おき代える」のドイツ語はansetzen フランス語もsubstituer（『哲学の貧困』（ファクシミリ版）青木書店、一九八二年、一七七頁）「おき換える」であり、共に甲を乙におき代える意味で、「止揚」という概念を用いてはいない）。

（B）「階級と階級対立の上に立つ旧ブルジョア社会に代わって、各人の自由な発展が各人の自由な発展の条件であるような一つの結合社会が現れる」（『共産党宣言』『全集』四九六頁）。

　この二つの協同体（アソシエーション）導出の方向は同じだが、内実は異なる。（A）は、労働者階級が「古い市民社会」を一つの「協同社会」に「おきかえる」としている。これは、古い市民社会すなわちブルジョア的市民社会に存在した政治権力を除去することによって、「協同社会」におき代える（または移す）ということである。ここで、「協同社会」が出現することによって市民社会全体が廃棄され終焉を遂げるということは当然意味しない。それは、如何なる社会形態も①の歴史貫通的市民社会の一部であり、その限りで「協同社会」は「古い＝ブルジョア的市民社会」の政治権力を解消した段階での、「新しい」充全な市民社会形態を示す。対して、（B）の協同体はブルジョア社会との主に政治的断絶関係を示す。

　また、（A）の命題を読むとき、マルクスは『哲学の貧困』の原本をフランス語で書いたのは、周知のようにフランス人のプルードンの経済学たる『貧困の哲学』を批判するためであった。そこで、マルクスは、プルードンによる「使用価値と交換価値の対立」、「分業と機械」「競争と独占」「土地所有」など、「市民社会」の内在的構成に関わる問題の批判的考察を行い、『資本論』に通じるブルジョア的市民社会と資本主義解明による「協同社会」への道を探ったのである。それは、牧野氏の否定に関わらず、「階級対立」の除去とともに「協同社会」に至る市民社会への不可欠の追求であったというべきである。それはまた、労働者階級によって協同社会に「おき換えられる」べき所にまで「発展」した市民社会段階であり、私は③の市民社会と略称したのである。この略称は③の定義を誤るものではないと考える。

しかるに、牧野氏はその結論部分で、さらに次のように指摘される。第一に、若きマルクスにおいて「協同社会」としての「市民社会」という言葉はない。第二に「①の意味での歴史貫通的な「市民社会」は、『経済学批判』以降は「生産諸関係の総体」としての「社会の経済構造」と表現されて、「市民社会」は②の「ブルジョア社会」という意味に一元化された。そして、この「市民社会＝ブルジョア社会」は「協同社会」（アソシエーション）によって止揚されるものである。したがって、〝「協同社会」としての「市民社会」〟という主張は、マルクスにおいては用語上も概念上もありえないのである」（三九頁）とされた。

第一の指摘については、先の「労働者階級は、その発展の過程において、諸階級とその敵対関係を排除する一つの協同社会（une association）をもって、古い市民社会（l'ancienne societe cibvile）におき代えるであろう。そして、本来の意味での政治権力は存在しなくなるだろう。なぜなら、まさに政治権力は市民社会（société civil）における政治権力の公式の要約だからである」（『哲学の貧困』）の先の位置づけに尽きているだろう。

つぎに、第二の指摘であるが、①の意味での歴史貫通的な「市民社会」は、『経済学批判』以降は「生産諸関係の総体」としての「社会の経済構造」と表現されて、「市民社会」は②の「ブルジョア社会」という意味に一元化され、③の協同体としての市民社会は存在しないだろうか。代表的な例を一つ挙げれば、マルクスが英文で書いた『フランスの内乱』（第一草稿、一八七一年）の一節にはこうある。

「コミューン―それは、社会による国家権力の再吸収 The Commune--re-absorption of the State power by society であり、社会を支配し抑圧する力としてでなく、社会自身の生きた力としての、人民大衆自身による国家の再吸収であり、此の人民大衆は、自分たちを抑圧する組織的権力に代わって、彼ら自身の権力を形成するのである」

(『全集』第一七巻、五一〇頁)。

さらに、より明示なものは、「生産と交通」を軸とする「①歴史を貫通する市民社会」の内部発展における、著名な「人格と社会的生産の三段階」論であり(その詳論は拙著一〇六‐九頁)、その発展過程は、以下のイ→ロ→ハ順に市民社会は協同体的市民社会に向かう。

イ　人格的(身分的)依存諸関係と矮小な生産性の段階

ロ　物象的依存性のもとでの人格的独立性と一般的社会的物質的代謝・普遍的諸関連・全面的力能の発展の段階

ハ　諸個人の普遍的発展また自由な個体性と協同体的・社会的生産性の全面的発展

(『マルクス　資本論草稿集Ⅰ一八五七‐五八年』大月書店、一九八一年、一三八頁)。

概して、牧野氏の私の『市民社会論』批判の立脚点は、マルクス市民社会論の軽視もしくは否定に近い観点にもとづくようにみえる。第一に、①の市民社会論が、『経済学批判』における「唯物史観」確立後には捨象されたとすること、第二に、②のブルジョア的市民社会の止揚のさいの、対象たるブルジョア的市民社会と資本主義の区別が明確でないこと、第三に、第一点の市民社会規定と関連して、市民社会自体の概念が、主として資本主義社会以後のものに限定されたため、そこでは諸個人の「階級性」と「市民性」の統一性(拙著一一四‐一二二頁参照)が明確にされず、「労働者」と「市民」が「社会関係の領域」によって区別されていること(『唯物論と現代』六六、三九‐四〇頁)などである。

これで、牧野氏からの批判への私の応答を終えたい。ただ、私は、こうした議論の交換が「ことば」探しや「引用」合戦に終わることを危惧する。私は『市民社会論』刊行後、主として近・現代の日本思想史の検討を行ってきたが(『近代日本思想論』三部作等)、その際の一つの指針は「近代化」と「民主化」の区別であり、それは『市民社会論』の一定の成果に基づくと自覚している。私たち研究者の前には豊かな「古典」が残されているが、その中から何を導きだし、現代にいかに活用するかは多様といえる。私は今後とも、研究者が互いに古典の「理解と活用」に少しでも寄与しあう状況の創出を望みたいと思う。

(よしだ　まさとし・法政大学名誉教授・哲学／思想史)

エッセイ

中国新疆ウイグル自治区の人権問題をめぐって

向井哲夫

はじめに

近年中国の新疆ウイグル自治区などの少数民族の人権問題がしばしばとりあげられる。この少数民族という言葉はいろいろ誤解をうむ。本稿で主として扱うウイグル族にしても二〇二〇年一一七七万四五三八人であり、決して「少数」ではない。ちなみに壮族は一九五六万八五四六人。中国には五千人未満の民族もあるのだが、ウイグル族はそうではない。中国では少数民族は抑圧されているという通念も日本には多い。しかし、「少数民族と漢族の夫婦の間に生まれた子供が、少数民族の籍を選ぶのは、現在の中国では半ば常識のようなものである。……少数民族と漢族の夫婦の間に生まれた子供が少数民族籍を選ぶことが多いことは、少数民族人口増加の一因である」（王柯『多民族国家中国』岩波書店、二〇一七年）というような少数民族志向も中国にはあるのである。少数民族の割合は一九五三年六・〇六%、二〇二〇年八・八九%。二〇二〇年全人口一四億一一七八万人中、少数民族は一億二五四七万人。

さて、二〇二一年現在、アメリカのポンペイオ国務長官などは、中国政府が二〇一七年三月ごろにウイグル族への弾圧を劇的につよめ、百万人以上が収容され、拷問をうけたり、強制労働させられたりしていると言明。さらに「ジェノサイド」がつづいていると確信していると非難。バイデン大統領のいう「民主主義国家対専制主義国家」の図式にしたがったものである。「強制労働」「ジェノサイド」という言葉がさしたる定義もなく使用される新疆ウイグル自治区の人権問題に関する言及は内外に多い。国連にジェノサイド条約があるが、ジェノサイドという言葉は普通「大量虐殺」の印象を抱かせる。弾圧されている人数を百六十万、三百万とする説も流布している。数千の強制収容所が作られているなどの説も流布。

一　中国の少数民族独立論への疑問

私はポンペイオ氏などの見解が何を究極の狙いとするのか疑問に思うのである。根本的には新疆の少数民族の独立を認めないのは人権に反するという考え方がある。王柯『多民族国家　中国』に「アメリカは、九・一一（注　二〇〇一年）事件以前、東トルキスタン独立運動勢力に対する中国政府の政策を、新疆のウイグル族の人権を無視していると批判していた」とあるように、新疆の少数民族の独立を認めないのを人権侵害とする見解はアメリカ政府の政策の底流に一貫してあるのである。しかし、安易に他国の少数民族の独立をいう思考に、私は民族問題の深刻さを知らず、インディアン問題などを封じ込めて国内に民族問題はないと考えつつ（散住パターンの多民族国家。民族間紛争が起きにくい）、他国の民族問題には干渉するアメリカの傾向があるように思われる。他国の分裂を期待する独立運動支援は問題がある。「日本国と中華人民共和国との間の平和友好条約」（一九七八年）でいう「内政に対する相互不可侵」の精神はどこの国でも守られなければならないはずである。新疆ウイグル自治区の独立というのがインディアンにアメリカの土地を返還すると同じく非現実的政策であることを知らない。日本でいえば沖縄の独立（一八七九年の「琉球処分」以前沖縄は琉球王国として独立していたのであり、「尖閣列島」も日本の「固有の領土」でなかった）、アイヌへの北海道の土地の返還である。当の中国には「新疆ウイグル自治区とチベット自治区でも、独立運動は民衆の間で広く支持されていない。ウイグル族とチベット族民衆の経済状況と生活水準がめざましく向上しているからである」（王柯『多民族国家　中国』）というような指摘もある。

「民族自決権」という言葉がある。中国に即して言えば、かつての欧米日本の帝国主義に対する「中華民族」「全国各族人民」「中国人民」（現在中国では漢族を含む五六の民族を総称してこう呼ぶことが多いようである）の民族自決権による独立は当然のことであった。しかし、民族自決権を中国の少数民族の独立権とみなしてはならない。中国の少数民族の民族自決権の安易な肯定は、かつての「満州国」の策動と同じである。日本は満蒙生命線なる構想のもと一九三一年「満州事変」(中国名、九一八事変)をおこし、一九三二年三月には旧満州に満州族の独立などということを策動して、「五族協和」というスローガンのもと溥儀を執政とする「満州国」をでっち上げた。私は中国の少数民族の独立をいう議論に、満州国をどう考えているのか疑問に思うのである。

旧ソビエト連邦における民族政策の基本理念が少数民族地域の分離・独立を認める民族自決であったのに対して、中華人民共和国は建国後、少数民族の分離・独立を認めず、自治権のみを認めることとした。「民族区域自治制度」(一九八四年五月全人代で民族区域自治法が採択)である。民族自治区(五)、民族自治州(三〇)、民族自治県(一二〇)、民族自治郷(一一七三)が置かれている。民族区域自治制度が適用されている面積は国土の七四%。民族言語の教育も「各民族はすべて自己の言語文字を使用し発展させる自由をもち……」と憲法で保証されている。民族区域自治法の第三八条には民族文化事業の発展が明記されている。「多民族・多文化主義」のアメリカ、多民族化している日本(二〇二一年の外国人労働者一七二万七二二一人。外国人は二七四万人)ではどうであろうか。全国人民代表大会の代表人数は、二〇一八年、全体で二九八〇人。このうち、少数民族代表は四三八人。全国政治協商会議の代表人数は、二一五八人。このうち少数民族委員は二四五人。「両会」とも中国の少数民族の代表が参加している。日本でいえば、アイヌ民族が国会に議席を持つのと同じである。二〇一六年まで漢族は一人っ子政策であったが、これは少数民族には適用外であった。中国の少数民族政策に民主・人権がないという見解はこの諸々の制度を無視しているのだが、紆余曲折を経て形成された中国の国情に応じた制度設計だと思う。

中国の民族問題は歴史とともに古い。殷の時代、殷と周辺諸民族の闘争が激しかった。このことを示す甲骨文字の資料がある。異民族の捕虜は殷墟の人身御供となった。大量の人体遺物の殷墟からの発掘はこれを示している。殷は殷からみて東南の少数民族を討伐しているすきに周の部族連合軍に襲撃され、滅びたといわれる。殷自体タイ系であったかも知れない。甲骨文字にあらわれる「婦好」「帝乙」などの表現が「好婦」「乙帝」としていないのはタイ系である。少数民族との頻繁な戦いは周代も同じである。「西夷」とされた周(『孟子』離婁下篇)代、北方異民族は玁狁（匈奴？）などと呼ばれた。南はしばしば淮夷という現在の淮河流域の少数民族と抗争した。春秋末の呉と越は文身断髪の南方少数民族の国家であった。呉越が興った地域には新石器時代北方の粟・キビ作の新石器文化と異なる河姆渡文化・良渚文化という稲作の文化が栄えていた。良渚文化の区域には城壁の跡があるから戦争があったとみられる（林巳奈夫『中国文明の誕生』吉川弘文館、一九九五年、陳民鎮『中華文明起源研究』北京師范大学出版集団・安徽大学出版社、二〇一〇年参照）。前四～五世紀ごろ、この呉・越が滅びたために、西日本や南朝鮮に来て稲作を伝えたのではないかという説もある（川勝義雄『魏晋南北朝』講談社、二〇〇三年参照）。戦国時代趙の武霊王は匈奴の戦法をとりいれて、胡服騎射の戦法を導入。中国を統一した秦の始皇帝は北方少数民族との戦いで万里の長城を築きあげた。漢の武帝は新興の北方統一政権匈奴と戦った。魏晋南北朝時代は中国の大分裂時代であり約四百年続いたとされる。この時代五胡十六国（三〇四～四三九）といわれるように、華北には匈奴・羯・鮮卑・氐・羌の少数民族による政権が無秩序に建国された時代がある。馬鐙の使用もこの時代に始まり騎兵と騎馬の結合を促進し、攻撃能力を高め、内戦を激化させたと考えられる。四一五年に死亡した北燕の馮素弗の墓から馬鐙が出土している。その後少数民族が中国を統一したこともある。モンゴル族のたてた元や女真族（満族のこと）のたてた清などがその典型である。唐・宋王朝も成立に当たって騎馬民族と意外と関係が深い。宋は遼・西夏・金の北方少数民族の国家との抗争に国力をさいた。

もっとも、北の少数民族と漢族の対立のみみるのは正しくないのだろう。『中庸』にも「素夷狄、行乎夷狄」（異民族の僻地にいるときは、それにふさわしく行動する）とある。両者はつねに敵対関係にあったわけではない。中国史は諸民族の対立の一方で「融合」の歴史でもあった。中国文化に対する少数民族の偉大な貢献をいう学者もいる。文革で失脚し、復活後中国で民族政策を中心となって担当し、二〇〇五年に亡くなった費孝通氏は「多元一体」と言っている（費孝通『中華民族の多元一体構造』西沢治彦など訳、風響社、二〇〇八年などを参照）。「我が国は統一された多民族国家である」という言い方がなされる。

少数民族の北方騎馬民族が農耕民の中国を席巻するという構図は騎馬戦の陳腐化によって収束した。こうして今何千年にもわたる中国の民族問題が解決しようとしている。平和、平等・団結・互助の進展、諸外国の武力による内政干渉の不可能化。このとき少数民族の「独立」などというのはまた血で血を洗う凄惨な局面を復活させるものである。旧ソ連の解体、旧ユーゴスラビアの解体に伴う民族紛争は現代においても民族問題の解決を誤れば、悲惨な結果を引き起こすことの証左である。かつての五胡十六国時代の果てしない混乱や清朝末期の「瓜分」の危機の再来が「人権」や「民族自決権」の名のもとに容認されるとは思えない。他国に「宋襄の仁」を要求してはならない。中国で求められるのは、民族的アイデンティティを超えた多民族的な国民的アイデンティティの構築であろう。

二　百万人云々説について

ポンペイオ氏の百万人云々説を考えてみよう。『中華人民共和国分省地図集』(中国地図出版社、一九九二年)によれば、新疆ウイグル自治区の面積は一六〇余万平方キロメートル、中国の六分の一、日本の約四・五倍。人口一五一五万人、ウイグル族・漢族・カザフ族・回族・蒙古・満族・タタール族・キルギス族・タジク族・シボ族・ロシア族など十三の民族があげられている。これらの諸民族は大部分かつて新疆で興亡した諸民族の後裔である。戸部実之『ウイグル語入門』(泰流社、一九八六年。当時のウイグル語の邦文による入門書はこれのみという)によると、ウイグル族の人口総数は一九五八年の調査で三七三万七〇〇三人。他に旧ソ連国境内に約十万人すんでいるという。加々美光行『中国の民族問題　危機の本質』(岩波現代文庫、二〇〇八年)は『民族問題題理論文集』(青海人民出版社)により、一九八二年の新疆民族別人口構成は漢族五二九万人、ウイグル族五九五万人、カザフ族九〇万人、モンゴル族十二万人、回族五七万人、キルギス族十一万人、タジク族二・六万人としている。一九九〇年の人口調査によると、ウイグル族は七二一万人(全国。小学館『中日辞典』による)。二〇〇〇年人口調査によると総人口約一八四六万人。少数民族約一〇九六万人(王柯『多民族国家　中国』参照)。二〇二〇年の人口調査(国家統計局編『二〇二一中国統計年鑑』中国統計出版社、二〇二一年。検索「ウイグル自治区の人口推移」)によると、新疆ウイグル自治区の総人口は約二五八五万人。うち少数民族は約一四九三万人。ウイグル族は約一一七七万人。漢族は約一〇九二万人。カザフ族は約一五六万人。ウイグル族・漢族・カザフ族などは以前と比べて、顕著に増加している。

二〇二〇年の人口調査をもとに考えてみよう。百万云々というのは新疆のウイグル族を約一千二百万人とし、そのうち、男女・都市農村などを問わずに、労働力人口を総人口の半分として考えると（二〇二〇年の『国民春闘白書』学習の友社によると日本の二〇二一年の人口は一億二千六百万人余り。二〇一六年度の従業者は五千六百万人余。二〇二一年の中国の就業者は約七億四六五二万人。中国国民の約半分である）、成年労働者は六百万人。百万は六人に一人である。『中国統計年鑑』によると新疆の所帯は約八三五万人。ウイグル族の所帯を半分として、四軒に一軒。男性のみを弾圧したとしたらどうなるか。ウイグル族の男性数は約五九二万人。労働者を半分とすると三百万人。百万は三人に一人ということになる。三百万云々ならほぼ全員だ。これだけの労働者を「収容」し「虐殺」したら町からウイグル族の成年労働者が大量にいなくなるであろう。もしウイグル族に集中して弾圧が加われば、ウイグル族が多いカシュガルなどにはすぐ影響がでるはずなのだ。新疆で最もウイグル族の割合が高い（住民の八七％といわれる）ホータン地区も同様である。しかし、二〇一七年以降新疆ウイグル自治区の各都市、特にカシュガルなどに人口減少などの「劇的」な変化が生じたという報告やニュースもない。

　複雑な民族構成と低い人口密度のもとで「ウイグル族のみ」選別して取り出し、百万・三百万も「収容」したり「ジェノサイド」にかけたりすることも技術的にも不可能と思われる。一千万をこえる人々からどういう基準で百万人を導き出すのか。人口密度が希薄ななかで百万人をどこからどうやって集めてきてどこに収容するのか。中国共産党系の『新疆日報』のウイグル語版は二〇二二年三月現在も刊行を続けているというが（熊倉潤の後掲書による）、中国の少数民族党員は全国で七・五％とされるなかで（検索「中国共産党の少数民族党員数」）、ウイグル族の党員は数十万人いると推定される。このウイグル族の党員を弾圧する可能性もない。労働組合に組織されている労働者は新疆全体で四三六万七千人。半数をウイグル族とすれば二百万人。弾圧されて沈黙していられるであろうか。

　労働者を百万人も「収容」したら、消費支出が減るはずであるが、『中国統計年鑑』によれば、新疆の住民の平均個人消費支出は二〇一六年一四〇六六・五元、ポンペイオ氏が弾圧が開始したとする二〇一七年は一五〇八七・三元。二〇一八年一六一八九・一元。二〇一七年に支出の減少は見られない。着実な個人消費支出の増加が認められる。弾圧がおこなわれていればありえない数値である。可処分所得にも同様な傾向が認められる。

『中華民族の多元一体構造』の費孝通の論文では「解放後、漢族と申告したものの、後に蒙古族と申告し直した人の数は少なくない」「過去に漢族と自己申告した人々の多くが、土家族であると改めて申告し直している」とあるように民族所属の申告は変更が可能な調査であるとみられる。もしウイグル族に対する「徹底した弾圧」なるものが行われていればウイグル族から漢族などへの民族名を変更する動きが出てくるはずである。しかし、二〇二〇年の民族識別調査でウイグル族が減少したという事実はない。

そもそも大弾圧して民族問題が解決するなら民族問題というものは発生しないであろう。民族への大弾圧は抵抗を引き起こし、民族間の分断を結果するというのが常識である。費孝通氏も「政治上の差別や圧迫は、返って被差別者の反抗心と民族意識を増強させ、民族間の距離を広げてしまう」とのべている。中華人民共和国の憲法第一章総則の第四条には「中華人民共和国の諸民族は、一律に平等である。……いずれの民族に対する差別及び抑圧もこれを禁止し……」とある。

一体、百万を「収容」「虐殺」したとして、あと一千数百万はどうして黙っていられようか。この一千万の「平和的決起」こそ恐るべきものではないのか。

少し古いが山口修・鈴木啓造編『中国の歴史散歩四』（山川出版社、二〇〇一年）は次のように紹介している。

カシュガルの項。

・人口は約二二万、ウイグル族が七〇パーセント、漢族が二〇パーセントをこえるが、その他の民族も多種で、エイティガール寺院前の広場を通る人々を見ると、まさに諸民族の坩堝の感が強い。……中国の経済政策の変更にともない、カシュガルにも大きな変化が生じた。中パ公路を通じてパキスタンと、また西隣のタジキスタンやキルギスタンとの交易がきわめてさかんになり、これらの国々の商人が集まり、熱気を帯びた取引が展開されている。

よく最近の状況を活写しているといえる。文中のエイティガール寺院とは中国最大のイスラム教寺院で、現在も宗教活動の中心となっている。二〇一六年三月「中欧班列」（中国と欧州を結ぶ国際定期貨物列車）開通以後、新疆ウイグル自治区のホルゴス鉄道ターミナルは国際物流のハブとなっている。

葡萄溝の項。

・トルファン市街から東北へ約一〇㎞で、火焔山の西半・南面の峡谷にあるブドウ栽培のさかんな地域、葡萄溝がみえてくる。……十三〜十四世紀のモンゴル時代、この地にはすでにウイグル人が移住していてウイグル文の契約文書を残す段階にあったが……現在もブドウの栽培には好環境で、葡萄溝にはウイグル・漢・回族など五〇〇〇人が住んでいて、代々栽培に従事しているという。

こうした事象がポンペイオ氏が言うように二〇一七年に「劇的に」変化した、つまり町が寂れたとか、著しい人口減少がみられたという情報はないのである。『人民中国』二〇二二年十月号によると、葡萄溝には二〇二二年七月習近平氏が訪問しており、労働者の大量逮捕収容などの事態は起こらなかったことを示している。

次に、「百万人云々」説は一方中国の綿花生産で「強制労働」がおこなわれているとして、中国の新疆産の綿製品の不買運動を提起しているのであるが、綿花の生産・紡績のどの工程で強制労働が行われているかという説明もない。現在綿花の綿の収穫は機械化されており少なくとも収穫作業には「強制労働」の余地はない（検索「綿花収穫と機械化」）。また新疆での綿花の栽培は春・夏・秋であり、通年の労働ではない。なお、中国の全人代の常務委員会は二〇二二年四月二十日、強制労働の廃止に関するＩＬＯの二つの条約の批准を決めた。ＩＬＯが一九三〇年に採択した「強制労働条約」と一九五七年に採択した「強制労働廃止条約」の批准である。批准国は条約の履行状況を定期的にＩＬＯに報告する義務を負う。「強制労働禁止」というのは日本の労働基準法第五条のいう「使用者は、暴行、脅迫、監禁その他精神又は身体の自由を不当に拘束する手段によって、労働者の意思に反して労働を強制してはならない」が参照される。「強制労働」説は百万人云々説の車の両輪の一輪であった。

以上いろいろな角度から百万人云々説を検討してきたが、この説、荒唐無稽で私には非常に疑問に思われるのである。百万人云々説に対して研究者でも疑問を呈する人がいる。紹介しておこう。

朱建栄氏は言う。

・新疆について言えば、実は去年一年間に、中国各地から一億五千万人以上が新疆に旅行に行っているんです。……アメリカも含めて各国の外交官が新疆に行っています。何よりもイスラム諸国は新疆のウイグル族などと同じ信仰なのに、中国の新疆政策を批判していません。……私も華人教授会訪中団のメンバーとして、三年前（注　二〇一八年と思われる）に新疆を巡ったんです。ウイグル族の中心地カシュガルも訪れました。現地の経済がどんどん改善している、テロなど民族間のギスギスとした険悪な雰囲気はなくなっています。そのようなことを無視して、アメリカでいわゆる「百万人収容施設」の話がでっち上げられています。この話の出所はどこかというと、ドイツなどでも検証の記事がでましたが、ISなどにも協力したことがあるウイグル過激派の合わせて六人のいわゆる証言をたった一つの根拠にしたもので、これで「百万人収容施設」というストーリーが出来上がったのです（『研究中国』日本中国友好協会『研究中国』刊行委員会、第十二号、二〇二一年）。

久保亨氏も言う。

・なお、「ジェノサイド」「虐殺」などと欧米で宣伝されていますが、これは明確な根拠が乏しく、慎重な見方が必要かとおもいます。中国では、歴史的に「殺すことは敗北」という意識がありますし、反体制派の人物も殺されることはあまりありませんでした。収容所（通常の「監獄」以外に多数存在する「労働改造管教隊」施設）に入れ「教育する」形がとられました（『経済』二〇二一年九月号「久保亨さんに聞く 中国をどうみるか」）。

ここで、関連する二三の新聞記事や書物などに触れておく。二〇二二年五月二四日ドイツ誌シュピーゲルはエイドリアン・ゼンツ氏が匿名の情報源からウイグル族の「少数民族ウイグル族の収容施設」での弾圧に関する新たな資料を入手したと発表。マキシム・ヴィヴァス『ウイグル「フェイクニュース」に終止符をうつ』（富士山神訳、文芸社、二〇二二年）でフェイクニュースの発信者とされている人の新たな「発見」である。私はアメリカの米政府が後援する極右組織のキリスト教の伝道者のエイドリアン・ゼンツ氏になぜ無条件に信頼をよせる報道があるか、はなはだ疑問に思っている。

熊倉潤氏の『新疆ウイグル自治区　中国共産党支配の七〇年』（中公新書、二〇二二年）は百万人云々説をあまり問題としていないようである。「職業技能教育訓練センター」の問題をとりあげているようである。個々の資料の信憑性はさておき、柱の一つになっているのはエイドリアン・ゼンツ氏の提供している資料である。四カ所エイドリアン・ゼンツ氏が言及されている。熊倉潤氏は普通の「ジェノサイド」の概念よりも、中国政府の政策を把握するには「文化的ジェノサイド」なる概念が必要だとして、中国語（漢語）教育の普及、「中華民族共同体意識」の鋳造（確立）、イスラムの中国化といった同化の三点を中心問題としてあげる。普通のジェノサイド論から外れた論議だと思う。ここで中国の少数民族の言語政策を論ずる用意があるわけではない。しかしアメリカの少数民族の言語政策に関する議論を読んでいたら、バイリンガルは前進だとされ、一方中国の言語政策の評論を読んでいたら、バイリンガルは後退だというのがあった。少数民族の言語政策に満点がつく政策があるとも思えないのだが、思いつきのような評論もあるように感じられる。熊倉潤氏は盛んに「新疆ムスリム」（新疆ウイグル自治区には漢族も、非ムスリムも存在しているはずなのに、一面的な言葉だと思う）に言及しているように、イスラム教に傾斜しているようである。しかし、アフガンのタリバンがイスラムと無縁とは言えない。欧米にはタリバンやイスラミック・ステートを無条件に否定しつつ、中国になると内容は問わず無条件にイスラムを支持するダブルスタンダードがあると思う。宗教弾圧でモスクが減っているという説があるので、念のために記しておくと新疆ウイグル自治区のモスクの数は一九七〇年代の約二〇〇〇から今日では二四四〇〇に増加したという（マキシム・ヴィヴァス前掲書）。

二〇二二年八月三一日国連人権高等弁務官事務所は新疆ウイグル自治区では「職業訓練センター」や刑務所などで「深刻な人権侵害」が行われているとする報告書を公表。中国政府は否定・反発。議論の行方が注目される。

三　新疆ウイグル自治区やウイグル族の歴史などについて

新疆ウイグル自治区の歴史や地理、ウイグル族の歴史などを少しだどってみよう。新疆ウイグル自治区は漢代の西域の一部である。狭義の西域はタリム盆地をさすという。漢朝は前六十年には西域都護府をいまの輪台県（漢代からある地名）付近に設置した。『漢書』西域伝によると「西域」にはもと三六のち五十余のオアシス都市国家があったという。地理志の紀元後二年の漢帝国の戸口統計などによれば、新疆の人口は三二三万人余りである。上田信『人口の中国史』（岩波新書、二〇二〇年）による。おそらくトルコ化する以前の少数民族を含むものであろう。後漢では班超・班勇が西域で活動するが、班勇以後は「三通三絶」の状態であった。魏晋南北朝時代にはトルファン盆地を中心に麹氏高昌国が漢族を主体として建立された。四九八年建国。突厥などと交流が深かったが、六四〇年唐朝に征服され、唐は安西都護府を置く。六一八年成立の唐は七世紀中葉までには東トルキスタンのオアシス都市国家をすべて服属させた。『大唐西域記』の玄奘が「西域」に出発したのは六二六年。

モンゴル高原では七世紀の前半から「高車」「鉄勒」の一部であったと考えられるウイグルという遊牧騎馬民族が活動をはじめる。『旧唐書』迴紇（かいこつ・ウイグルのこと）伝の冒頭に「迴紇、其先匈奴之裔也」とあるから唐代にはウイグル族は匈奴と関連づけて考えられていたのであろう。ウイグル族が匈奴であるという認識は「不正確」という批評はあるものの、興味深いものがある。唐の時代（六一八年から九〇七年）、七四四年キョル・ビルゲ（『旧唐書』迴紇伝は骨咄祿毗伽闕可汗。可汗はモンゴル語のハーンと同じで王の意味。唐の太宗は天可汗）がウイグル可汗国（ウイグル汗国とも書く）を建国する。漠北（ゴビ砂漠の北）ウイグル汗国ともいう。モンゴル高原のオルフォン川流域に「牙帳」（根拠地の城郭）を建てる。突厥（トルコ。原音については諸説がある。護雅夫『古代遊牧帝国』中公新書、一九七六年参照。トルコ民族の手になる世界史上最初の遊牧騎馬民族国家としての突厥の建国は五五二年）第二可汗国は滅亡する。ウイグルはもと多民族国家としての突厥に服属していたトルコ（チュルク）系の部族であった。ウイグル遊牧国家は君主を出すヤグラカル氏藥羅葛の氏族を中心に諸部族が連合する九姓鉄勒などという部族連合体であった。ウイグル族のみの集団ではなくキルギスとか沙陀突厥など他の民族を含んでいた。ウイグルは七五五年に勃発する唐の安禄山の乱のとき勇敢な騎兵部隊として唐に加担し、治安を回復したという。「絹馬交易」（絹と馬の交換）「和親」（唐王朝が少数民族と婚姻関係をむすび親善を保つ）で唐と関係が深かった。しかし、八四〇年ウイグル可汗国はトルコ系のキルギス族によって攻撃され崩壊する。以後一三世紀初めのチンギスカンの登場までモンゴル高原の遊牧民全体を統合するような大勢力が出現することはなかった。

ウイグル族の一部は南に逃れて唐に同化し、西遷したもの（十数万、多ければ三十万近くといわれる）の一部は東トルキスタンのトルファン盆地と天山山脈北部のビシュバリク（北庭）付近に移動し西ウイグル王国をつくる。漠北ウイグルの崩壊まえから、タリム盆地から天山地方へのウイグルの移動はあり、六世紀末から勢力をもった吐蕃（チベット）と抗争していた。ウイグル族の民族移動により東トルキスタンはトルコ化するが、これ以前は人種的には「深眼」と髭の濃さに特徴のある（『史記』大宛列伝など）コーカソイド系の人々が住んでいたとみられる。ウイグル族の移動は九世紀以降の東トルキスタンの歴史に重大な意味を持つ。ウイグル族の場合、定着が進み農牧複合社会となっていった。商業を営むものも少なくなかった。遊牧から定住という方向に生業がかわったのである。西ウイグル王国は一三世紀初頭のモンゴル帝国の台頭まで続く。ウイグル民族が西ウイグル王国を建国すると、ベゼクリク千仏洞などの仏教遺跡を代表とする高度な文化が出現し、トルファン（高昌）は最盛期を迎えた。一方甘州（甘粛省張掖市）ウイグル王国は西夏・タングトに一〇二八年に滅ぼされている。十世紀の契丹（ロシア語のキタイのもと）時代は付属国となる。十世紀の半ばになると、西方のウイグルの部族にブグラ・ハーンという首長が出、カシュガルにカラ・ハーン朝というイスラム王国を建てる。やがて西トルキスタンをほとんど支配下におくが、カラ・キタイに滅ぼされる。元・明時代にはモグリスタンなどと呼ばれたこともあるが、基本的にモンゴルの支配下にあった。元代、ウイグル族の一部は「国族」「色目人」「漢人」「南人」のうち「色目人」とされ比較的優遇されていた。元はウイグル人・契丹人・女真人・イラン系ムスリムといった外来の人々をブレインにした。明の時代モンゴル高原と東トルキスタンは明の版図にいれることができなかった。

かつてウイグル族はシャーマニズム・仏教・マニ教などを信仰。ウイグル族のイスラム化の進行は十世紀半ばからである。基本的にスンナ派。

清朝は乾隆帝の時代の一七五五年モンゴルのオイラートの内訌に乗じて現在の新疆ウイグル自治区のジュンガリアに侵入し、やがて西部のイリ（この地方は降水量が多く緑豊かな地域。新疆最大級の水量を誇るイリ川が流れる）を占領。モンゴル系のジュンガル王国を打倒。一七五八年に東トルキスタンに遠征軍を派遣し、新疆と呼び、イリに総統伊犂等処将軍をおいて統治。帝政ロシアに対する辺境防御の拠点とした。藩部体制をしく。半世紀ほど平穏な状況が続く。ただし、清朝は漢族の新疆への入植は禁止し、漢族商人に対しても許可制にして商業活動を厳しく制限した。やがてヤクブ・ベックの乱があり、イスラム教国の樹立を宣言し、一八七二年ごろ君主となる。イギリスは支持し、ロシアは静観。清朝はこの乱を平定し、一八八二年新疆省を成立させ、中国の直轄地とした。漢族の官吏が新疆各地に派遣され、漢族の入植も積極的に推進されるようになる。一九一一年辛亥革命。一九一七年ロシア十月革命。多数の避難民が新疆に流入する。ソ連との微妙な関係が続く。一九三三年から三四年ごろにかけて、それまでカシュガル人・クチャ人・ホーテン人・イリ人などと呼ばれていたものがウイグル人の名のもとにまとめられる。一九三五年以後はウイグル語の新聞が出版される。一九四四年イリに反乱がおこる。東トルキスタン共和国が成立。一九四五年解散。新疆ウイグル自治区は国境線が約五七四二・一キロと長く外国の影響を受けやすい。中華人民共和国の成立後、一九五五年烏魯木斉を首都とする新疆維吾爾自治区ができる。

地理的環境について。アルタイ山脈と天山山脈の間のジュンガル盆地はモンゴル高原につらなるステップの草原が広がる。ジュンガル盆地については次のようにいわれる。

・その周辺は山岳地帯や草原であるが、農業開発が進んで綿や麦が多量に生産され、鉱産物も多い。……古来この地は遊牧民族の興亡の場で、サカや月氏・烏孫・匈奴をはじめ、柔然・高車・鉄勒・突厥、さらにカルルク（注　葛邏祿）・ウイグルなどが、先住の遊牧民族を追放しては支配権を取り、討撃されては滅亡、あるいは逃亡した（『中国の歴史散歩四』）。

ジュンガル盆地の年平均気温はおよそ六度前後。冬の寒冷は早く、一年のうち五カ月の平均気温が零度となる。夏は比較的温暖で、七月の平均気温は二二から二五度。グルバンチュンギュト砂漠は中国第二の砂漠であり、年降水量は約七〇から一五〇ミリ。

天山山脈はアジア最大の山系の一つである。長さ一七〇〇キロ、幅は西部で四〇〇キロ、東部（ウルムチ以東）ではわずか一〇〇キロ。主な山峰は標高四〇〇〇メートルから六〇〇〇メートル。天山山脈の最高峰トムール山は標高七四三五・三メートル。氷河が発達。新疆などでは「高山の雪が田畑を潤す」と古くからいわれている。

天山山脈の南、崑崙山脈・アルトゥン山脈が囲むのはタリム盆地で、タクラマカン砂漠がある。全国最乾燥の中心であり、いわゆるオアシス都市が連なる。狭義のシルクロードは砂漠の南北にあった。灌漑可能な場所にだけ農業ができる。天然河川や泉のほか、カレーズという人工地下水路も利用。分散したオアシスで食糧・ワタ（新疆では漢代から栽培されている）などが生産されている。二〇二〇年では、新疆の耕地面積六二八万ヘクタールのうち二五〇万ヘクタールが綿花ばたけ。

新疆ウイグル自治区は石油・天然ガス・石炭などのエネルギー資源が豊富である。砂漠は太陽光発電や風力発電のメッカになりつつある。中国は太陽光と風力の導入でも世界のトップクラスとなっている。二〇二二年第一四半期成長率は、全国で四・八%。新疆で七・〇%、全国一位である（『経済』二〇二二年九月号、井手啓二「中国経済の現状をどう見るか」による)。核実験場はタリム盆地の東部ロブノール近辺にある。

ウイグル語はアルタイ諸語の、トルコ語族・蒙古語族・ツングース語族のうちトルコ語族に属する。孤立語の中国語と違って膠着語である。ペルシァ語の影響もあるという。現代トルコ語などと同じく、文法的に日本語との共通点がある。語彙は一致しない。『維漢大詞典』(新疆維吾爾自治区語言工作委員会、民族出版社、二〇〇六年)などがある。なお、碑文などから漢北時期ウイグル語は突厥語と同じであったことが知られる。かつてのウイグル文字はアラム文字に発するものであり、直接にはソグド粟特文字に基づいて作成された。モンゴル文字はウイグル文字に基づく。ウイグル文字は中央アジアのイスラム化につれて、アラビア文字にとってかわられた。現在のウイグル語はアラビア文字表記になっている。現代トルコ語がアラビア文字をやめてローマ字表記にしているのと異なる。私は現代トルコ語の表記の仕方を是とする。ウイグル語は新疆の他の少数民族、カザフ・キルギス・ウズベク・タタールなどの共通語になっているという。

人種的には現ウイグル族はモンゴロイド系がコーカソイド系と混血したものと思われる。小学館『中日辞典』では「トルコ系の部族がアーリア系の住民と混血したもの」と記述している。血統上「純血」なる民族は存在しない。「新疆に行くと感じること、それはウイグル人が、漢人とあまりに違うことである。一目で気づくのは、彫りの深い顔立ち、さまざまな色の瞳といった身体的特徴だろう」(熊倉潤氏の前掲書)という感想がある。私はウイグル族といわれる人々には、ウイグル語を話す混血していないコーカソイド系の人、コーカソイド系とモンゴロイド系の混血した人(混血によりどのように身体形質が遺伝するかなど実際わかっていないのではないかと推測される)、混血しないモンゴロイド系の形質をとどめる人、漢族と混血した人などがいるように感じられる。ウイグル族にはモンゴル人と区別がつかない人もいるという。もっともバイカル湖付近の匈奴墓の発掘から、匈奴は人種的には古シベリア類型と欧州類型の共存という推測がなされている。

資料が比較的によく残っているウイグル民族の歴史をたどると、民族とは何かという問題が想起される。ある民族の特質は歴史とともに時に大きく変化するのだろう。言語、宗教、生活習慣、生業等など。人種とも無関係ではないが、民族に人種・階級をからませて考えると複雑になる。民族という概念は虚構だという見解もある。たとえば小坂井敏晶『民族という虚構』(筑摩学芸文庫、二〇二〇年)。かつてはやった日本文化論の恣意的な日本人論をみると、そういうことも言えるかと思われるが、やはり民族というものは虚構ではなく実在すると思う。費孝通も前掲書のなかで民族は虚構ではないと述べている。ただ費孝通は前掲書で「民族とは、歴史的に形成された、共同の言語、共同の地域、共同の経済生活、および共同の文化に表現された共同の心理を共有する人々の安定した共同体である」という四つの指標にもとづく旧ソ連で広く行われていた民族の定義は、そのままでは中国に適用されないとものべている。

おわりに

結局、ポンペイオ氏などのアメリカの要人の新疆ウイグル自治区の人権問題にかかわる百万人云々といった発言は、中国の二〇一五年の反テロリズム法の制定などに触発されたとも思われるが、フェイクニュース・ネガティブキャンペーンの類いのものといえる。二〇〇三年三月二〇日からアメリカは、イギリス・オーストラリアなどとイラク侵略戦争に突入。フセイン政権が「大量破壊兵器」つまり核兵器を保有しているということや「独裁国家からイラク国民を救う」などが主たる口実だった。捏造である。これと同じ構図を新疆ウイグル自治区に関する宣伝にみるのである。ポンペイオ氏が中国が劇的に弾圧を強めたという二〇一七年は、トランプ政権が対テロ戦争から、中国への軍事的対抗に戦略を変更した年である。百万人云々説は中国封じ込めの一環として出されたものと見ざるを得ない。足を運んで新疆ウイグル自治区の都市と労働を観察すれば(非常に広大であり航空機も使用される)、百万人云々、三百万云々という事態の本質はすぐ明らかになる問題である。ウルムチでもカシュガル(漢代は疏勒)でも、かつてのように渡航制限されてはいないから、誰でも行くことはできる。『地球の歩き方二〇二〇~二〇二一西安敦煌ウルムチ　シルクロードと中国西北部』(ダイヤモンド・ビック社、二〇一九年)でもなんら渡航制限も書かれていない。コロナ禍で不便になってはいるが。日中国交回復五十年であり、中国の言う「改革開放」の時代(日本の中国思想関係の学会の発表者も中国の人が極めて多くなっており、学会発表は彼らなしには成り立たなくなっている)であることが忘れられてはならない。

主要参考文献（本文中に指摘したものは除く）

間野英二『中央アジアの歴史』講談社、一九七七年
岩村忍『世界の歴史　中央アジアの遊牧民族』講談社、一九七七年
任美鍔編著『中国の自然地理』阿倍治平など訳、東京大学出版会、一九八六年
人類学講座編纂委員会『人類学講座第七巻　人種』雄山閣、二〇一七年
古松崇志『草原の制覇　大モンゴルまで』岩波新書、二〇二〇年
川島真・小嶋華津子編著『よくわかる現代中国政治』ミネルヴァ書房、二〇二〇年
本書編写組『中国共産党簡史』人民出版社・中共党史出版社、二〇二一年
呉飛『中国古代北方民族史』回鶻巻、科学出版社、二〇二一年
胡玉春『中国古代北方民族史』匈奴巻、科学出版社、二〇二一年

（むかい　てつお・元大阪府立高校教員・中国哲学）

読書ノート

聴濤弘『〈論争〉地球限界時代とマルクスの「生産力」概念』（二〇二二年、かもがわ出版）について

牧野広義

聴濤弘氏は『マルクスの「生産力」概念を捉え直す』（二〇二一年、かもがわ出版）を出版されて、私にも恵贈していただいた。しかし私はこの著作の趣旨をよく理解できなかった。その一年四カ月後に聴濤氏は標記の著作（『論争』と略記する）を出版され、これもご恵贈いただいた。私はこの『論争』によって聴濤氏の「生産力」と「生産性」に関わる見解をある程度理解できたと思う。『論争』は、聴濤氏の前著をめぐって聴濤氏と友寄英隆氏との論争、柴垣和夫氏、碓井敏正氏、島崎隆氏の書評とそれに対する聴濤氏のリプライ、および斎藤幸平氏との交信を収録している。これらはいずれも興味深いが、『論争』の中心は聴濤氏と友寄氏との論争なので、これを紹介して私見を述べたいと思う。

一　生産力と生産関係をめぐって

聴濤氏の主張の中心は、「地球限界時代」にはマルクス『経済学批判』（一八五九年）「序言」の「生産力」概念では対応できず、「生産性」という概念に変えるべきであるということである。ここではまず、「序言」における「生産力と生産関係」の理解が論争のテーマになっている。この点から検討したいと思う。

(1) 生産力が主導的か、生産力と生産関係の相互関係か

マルクスは「序言」において生産力と生産関係の関係を次のように述べている。

「人間はその生活の社会的生産において、一定の必然的な、人間の意志から独立した諸関係を、すなわち人間の物質的生産諸力の一定の発展段階に対応する生産諸関係を、取り結ぶ」。「社会の物質的生産諸力は、その発展のある段階で、それまでそれらがその内部で運動してきた既存の生産諸関係と、あるいはそれの法律的表現にすぎない所有諸関係と、矛盾するようになる。これらの諸関係は、生産諸力の発展諸形態からその桎梏に一変する。そのときに社会革命の時期が始まる」。「一つの社会構成体は、すべての生産諸力が発展しきるまでは、その社会構成体が生産諸力にとって十分な余地があるうちは、没落することはない。そして新しいより高度の生産諸関係は、その物質的存在諸条件が古い社会そのものの胎内で孵化されてしまうまでは、けっして古いものにとって代わることはない」。「ブルジョア社会の胎内で発展しつつある生産諸力は、同時にこの敵対を解決するための物質的条件をもつくりだす。それゆえ、この社会構成体をもって人間的社会〔共産主義社会〕の前史は終わる」(Marx / Engels Werke, Bd.3, S.8f. 邦訳と〔 〕内は牧野)。

聽濤氏は、この「序言」の理解において、「生産力と生産関係はどちらが主導的か」(『論争』一六頁)という問題を立てる。そして、「生産力の発展が主導的」であり、「物質的生産力の発展が、社会の進化、発展の原動力である」(同)と主張している。

それに対して、友寄氏は、マルクスは「生産力と生産関係はどちらが主導的か」という問題の立て方はしていないと主張する。そして「マルクスは、この二つ(生産力と生産関係)の相互関係のあり方によって、人類史の社会構成体の継起的な発展がなされてきたということを述べている、そこに唯物史観の核心がある」(七三頁)としている。

この両者の見解の相違は繰り返し述べられる。しかし、議論の進行の中で、新しい展開があると思われる。それは、「生産力と生産関係の弁証法」という論点である。

(2) 生産力と生産関係の弁証法

友寄氏は、「そもそもマルクスの唯物史観では『鶏が先か卵が先か』というような問題設定の仕方をしていない」と述べて、「『鶏が卵を産み、卵から鶏が孵化する』という『鶏と卵の関係(両者の弁証法的関係)』を解明すること

こそがマルクスの唯物史観の問題設定だと考えています」（一一四頁）と主張している。

これに対して、聴濤氏は、「弁証法とは非常に幅広い思考方法であり、その核心とは何かとなると難しいものです。いま友寄さんが問題にしている『相互関係』についていえば、マルクスが『序言』でいっているように、生産関係が生産力の『桎梏』になるという問題です（両者が矛盾なく進んでいる時期とは違って）。この場合の弁証法とは『対立物の統一と闘争』という弁証法の法則が核心になると思います」（一二六頁）と述べている。

私は、この両者の議論で、「生産力と生産関係」の理解が深まったと思う。つまり、「生産力と生産関係の弁証法」が「序言」の核心の一つであることが明らかにされたと思う。「序言」では、（a）生産力の発展段階に生産関係が対応する→（b）生産関係が生産力の発展形態となる（生産関係が生産力を発展させる）→（c）生産力と生産関係が矛盾する（生産関係が生産力の桎梏となる）→（d）新しい生産関係のための物質的諸条件が生成する→（e）社会革命（生産関係と社会構成体の変革）が始まる、という一連の運動が述べられている。聴濤氏が「弁証法とは非常に幅広い思考方法」であると言うように、この（a）から（e）までの、対応・発展・矛盾・生成・変革のすべてが「生産力と生産関係の弁証法」の内容であると考えられる。

なお、聴濤氏はこの弁証法においても「生産力の発展が主導的である」という考えを維持していると思われる。確かに「序言」における（a）では、生産力の発展段階に生産関係が対応するので、ここでは生産力が主導的と言える。しかし、（b）の「発展形態」とは、生産関係が生産力を発展させる形態となるということである。この点について、『共産党宣言』（一八四八年）では「ブルジョアジーは、……いっそう大量かつ巨大な生産諸力をつくりだした」とされる。また『資本論』では、資本は、協業→マニュファクチュア→大工業という生産様式の変革によって生産力を発展させたとされる。ここでは生産関係が主導的な役割を果たすのである。また（c）の生産力と生産関係との矛盾では、生産関係が生産力を破壊するのである。さらに（d）において、旧来の生産関係のもとで生成する変革の「物質的諸条件」とは、新しい生産力と生産関係を担う階級である（マルクスにとって人間もまた「物質的条件」である。マルクスは「ヘーゲル法哲学批判序説」（一八四四年）で、労働者階級がブルジョア社会の変革の「物質的武器」であると述べている）。そして（e）の社会革命はこの新しい階級が中心になって遂行される。このように、「生産力と生産関係の弁証法」においては、そのどちらが主導的かということそのものが弁証法的に転換するのである。

二　生産力の概念について

『論争』の重要なテーマの一つは、生産力とは何かである。次にこの問題を考えたい。

(1) 生産力とは財貨の生産力か、物質代謝の能力か

聴濤氏は、「生産力」とは「人間が自然に働きかけて人間生活にとって有用な財貨をつくりだす社会的諸力である」(一七頁)としている。そして聴濤氏は「労働の生産力」についてのマルクスの次の言葉を引用する。「労働の生産力は、いろいろな事情によって規定され、とりわけ、労働の熟練の平均度、科学とその技術学的応用可能性との発展段階、生産過程の社会的結合、生産手段の規模とその作用能力によって、さらに自然諸関係によって、規定される」(『論争』一八頁、『資本論』原書 Bd.I. S.54)。

ここから聴濤氏は、「マルクスにあっては、労働の熟練度、科学・技術の応用、生産の組織、生産手段、自然力が生産力を構成している」(一八頁)としている。そして聴濤氏は、友寄氏が「生産力」とは「人間と自然の物質代謝のための人間的能力のことである」というが、「これは、人間労働のことである」(一七頁)と述べて、友寄氏のこの規定は「極めて抽象的である」(一八頁)と批判している。

これに対して、友寄氏は、聴濤氏の言う「生産力とは財貨をつくりだす力である」という規定は、生産力の「経済学的な視点からの規定」であって、これに「同意します」(八七頁)として、そこに「一致点」を確認している(一一五頁)。そして友寄氏が言う「人間と自然の物質代謝のための人間的能力」という生産力の規定は、「生物学的な視点からの規定」であると言う。そして両者の規定は「基本的に同じことです」(八八頁)と述べている。また友寄氏は、「人間と自然との間の物質代謝」は、「人間の生産活動だけでなく、消費活動も含め、あらゆる生命活動を包含」しているため、「労働手段は入ってこない」(八九頁)と主張している。

そして、友寄氏が強調するのは、「生産力は超歴史的な生産力規定」であるだけでなく、唯物史観における「生産力」は「歴史的な生産関係によって特徴づけられた生産

力」である（八六頁）ということである。したがって、資本主義のもとでは、「労働の生産力」が「資本の生産力」となる。しかし「資本主義生産様式を社会主義的生産様式に変革すること」によって、「資本の生産力」を、「本来の『労働の生産力』に変革する（取り戻す）」ことができる（三八―三九頁）とされる。

(2) 労働の生産力と、人間と自然との物質代謝

以上の論争について私見を述べたい。

聴濤氏がマルクスの「労働の生産力」(I. S.54) を紹介しているように、マルクスは「労働の生産力」を規定する諸契機を明示している。またマルクスは、「労働」とは、「人間が自然との物質代謝を彼自身の行為によって媒介し、規制し、制御する一過程である」(I. S.192. 訳は牧野) と述べた。

これらはいずれも「労働」と「労働の生産力」の一般的規定である。ここから私は、「労働の生産力」とは、「人間と自然との物質代謝を労働によって媒介し、規制し、制御する社会的能力」ととらえることができると思う。そしてこの傍線部分が重要であると考える。しかし、先に見た友寄氏の「生産力」の「生物学的な視点からの規定」では傍線部分が欠けている。しかも「人間と自然との物質代謝」という概念を使っているとしても、それはマルクスにおいては「生物学的な視点からの規定」ではなく、「経済学批判」を遂行するための「社会科学的」概念となっている。そしてこのような「人間と自然との物質代謝」からとらえた「労働の生産力」を規定する契機が、「労働の熟練の平均度、科学とその技術学的応用可能性との発展段階、生産過程の社会的結合、生産手段の規模とその作用能力、および自然諸関係」なのである。

また友寄氏は、「人間と自然との物質代謝」からとらえた生産力の概念は「あらゆる生命活動を包含する」から、「労働手段は入ってこない」と述べている。確かに「人間と自然との物質代謝」には人間の生産活動だけでなく、流通、消費、廃棄の活動なども含まれる。しかし人間社会における流通・消費・廃棄のためにも労働が必要である。そのさい、流通や消費のためのサービス労働もある。また産業廃棄物の処理だけでなく、家庭ごみの処理などにも労働が必要である。さらに言えば、「物質代謝」の一方の主体である人間そのものを生産し再生産するためにも、育児・保育・教育・保健・医療などの労働が必要である。これらすべてについてさまざまな「労働手段」が不可欠である。

こうして、「人間と自然との物質代謝」を「媒介し、規制し、制御する」活動が「労働」なのであり、この労働の社会的能力が「労働の生産力」である。そしてそこにはマルクスが述べた「労働の生産力」のすべての契機が含まれると、私は考える。

友寄氏は、マルクスの「労働の生産力」と「資本の生産力」の概念を重視する。私もこの点が重要であると考える。資本は、「労働の生産力」の契機である、労働者も、科学とその技術学的応用も、生産過程の社会的結合も、生産手段も、さらに自然をも支配して、「労働の生産力」を「資本の生産力」にする。そして「人間と自然との物質代謝」を「撹乱」し「破壊」するのである。ここから、マルクスは、「資本主義的生産は同時に、あの物質代謝の単に自然発生的に生じた状態を破壊することを通じて、その物質代謝を、社会的生産を規制する法則として、また十分な人間的発達に適した形態において、体系的に再建することを強制する」(I. S.528) と述べたのである。このようにマルクスは、「人間と自然との物質代謝」を「社会的生産を規制する法則」として確立し、「人間的発達に適した形態」で体系的に再建することを主張している。これは、資本主義のもとでの従来の「労働の生産力」(=「資本の生産力」)の変革を迫ることである。

聴濤氏は、マルクスの「生産力」概念は「地球限界時代」では不十分なものであるととらえている。しかし、マルクスは『資本論』執筆の段階で農芸化学者のリービッヒから「物質代謝」という概念を学び、それを「労働」の社会科学的概念の中に活かすことによって、「労働」の概念を発展させたのである。ここから、マルクスにおける「労働の生産力」という概念の発展もとらえることができる。したがって、『資本論』の立場からすれば、「労働」を「物質的財貨の生産」としてのみとらえて、「労働の生産力」を「人間が自然に働きかけて人間生活にとって有用な財貨をつくりだす社会的諸力である」と規定するだけでは不十分であると言わなければならない。私は、聴濤氏による「生産力」概念への批判は、このような不十分な概念に対する批判として理解したいと思う。そして、現代が地球環境危機やコロナ危機の時代だからこそ、「人間と自然との物質代謝を労働によって媒介し、規制し、制御する社会的能力」としての「生産力」概念がいっそう重要であると考える。

三　生産性について

(1) 生産性と労働力・自然力の削減

聴濤氏は「生産力」という概念を「生産性」という概念に変えるべきだと主張している。聴濤氏によれば、「生産性」とは「一定の労働時間に一定の生産要素を投入しどれだけの財貨を生産したかの度合いを示すもの」である(二四頁)。そして聴濤氏は、「『資源有限時代』において、物質的財貨をつくりだすことを主目的とする生産力概念を使って社会進歩を描き続けることでいいのか……。『資本の生産力』であっても『労働の生産力』であっても、その点は変わりません」(五五頁)と述べている。「そこで私は生産力ではなく労働力はもちろん自然の力(資源、エネルギー、土地)の支出をも最小限にして社会的に必要な量だけの財貨を生産することができる『生産性』に変えるべきだと主張しているわけです」(五六頁)と述べている。

これに対して、友寄氏は、「『生産性』という概念のなかに『労働力はもちろん自然の力(資源、エネルギー、土地)の支出をも最小限にして社会的に必要な量だけの財貨を生産することができる』という意味が含まれているわけではありません」(八三頁)と反論する。また友寄氏は、聴濤氏の議論は「『資本の生産力』であっても『労働の生産力』であっても、その点は変わりません」として「生産力の概念からその階級的性格を捨象して」いる(八三頁)と批判する。そこから、必要なことは、「『労働生産性を引き上げるためには、資源乱費をいとわない』という『資本の生産力』のあり方を根本的に変革することです」(八三-八四頁)と主張している。

以上のように、聴濤氏が「生産性」の概念によって「労働力と自然力の削減」を主張するのに対して、友寄氏は「資本の生産力」の変革を主張している。この対立は『論争』の中では解消されていない。なお、聴濤氏が「資本の生産力」も「労働の生産力」も「変わらない」と述べているのは、聴濤氏が生産力の階級的性格を捨象しているからではなく、「生産力」を「物質的財貨をつくりだす力」ととらえているからである(五五頁)。

(2) 生産性と生産力との関係

そこで、「生産性」と「生産力」との関係を考えたい。

聴濤氏は、マルクスの次の言葉を引用する。「生産力は、もちろんつねに、有用的具体的労働の生産力であり、実際、ただ、与えられた時間内における合目的的活動の作用度だけを規定する。だから、有用労働は、その生産力の上昇または低下に正比例して、より豊かな生産物源泉ともなれば、より貧しい生産物源泉ともなる」（『論争』一九頁、I. S.60）。

聴濤氏は「ここでいう生産力とは明らかに生産性のことである」（一九頁）と述べている。しかしながら、ここでマルクスは、「生産力」（A）は「与えられた時間内における合目的的活動の作用度」（B）を「規定する」と述べているのであって、（A）は（B）「である」とは言っていない。つまり、マルクスによれば「生産力」は「一定の時間内に一定の労働によって生産される生産物の量」（一九頁）という「生産性」を「規定する」ものである。すなわち「生産力」が「生産性」を規定するのである。

聴濤氏の挙げる別の例では、マルクスは次のように言う。「ここで労働の生産力の増大と言うのは、一般に、ある商品を生産するために社会的に必要な労働時間が短縮され、したがって、より少ない分量の労働がより大きな分量の使用価値を生産する力を獲得する導因となるような、労働過程でのある変化のことである」（『論争』一〇二頁、I. S.334）。

聴濤氏は「この『労働の生産力』とは明らかに『生産性』のこと」（一〇二頁）であると述べている。しかしながら、ここでもマルクスは「労働の生産力」の増大（A）が「より少ない分量の労働がより大きな分量の使用価値を生産する力」（B）を「獲得する導因となる」と言っているのであって、（A）が（B）「である」とは言っていない。つまり、「労働の生産力」の増大が、より大きな「生産性」を獲得させるのである。

したがって、「生産性」を上昇させようとすれば、「生産力」を規定する契機である「労働の熟練の平均度、科学とその技術学的応用、生産過程の社会的結合、生産手段の規模とその作用能力、さらに自然諸関係」を向上させること、したがって、「生産力」を高めることが必要なのである。これが、マルクスにおける「生産力」と「生産性」との関係である。

しかし資本主義社会では、以上にとどまらず、資本は労働者の熟練を破壊して分業を強制したり、機械を導入したりすることによって「生産性」を高めたり、一定時間当たりの「生産性」を高めるために、過密労働を強制したり、労働者の一日当たりの「生産性」を高めるために一労働日の長時間労働を強制したりする。また資本は自然破壊をともなう「大地の利用（Ausbeutung 搾取）」（I. S.790）によって「生産性」を高めようとする。これが「資本の生産力」

のもとでの「労働の生産性」の向上である。

したがって、「生産性」という概念だけで、労働者や自然の破壊を阻止することはできないと思われる。これを変えるには、資本が支配する「資本の生産力」を変革することが必要である。

四　未来社会の生産力について

(1) 生産性の概念か、本来の労働の生産力か

未来社会（社会主義・共産主義の社会）での「生産力」も『論争』での重要なテーマである。

聽濤氏は、「資本主義的生産力の発展は人間と自然の物質代謝を撹乱します。ですから『序言』に従えば、資本主義で形成された生産諸力より一層発展した生産諸力のうえに資本主義後の社会（社会主義・共産主義社会）ができるわけですから、この物質代謝を一層撹乱し地球環境をますます破壊することになります。このことは『論理的に自明』なことではないでしょうか」（五三頁）と述べている。

そこで、聽濤氏は、マルクスの次の言葉に依拠して、「生産性」の重要性を提起する。「この自然との物質代謝を合理的に規制し、自分たちの共同の管理のもとにおくこと、すなわち、最小の力の支出によって、みずからの人間性にもっともふさわしい、もっとも適合した諸条件のもとで、この物質代謝をおこなうこと」（『論争』二七頁、III, S.828, 訳は聽濤氏が引用する新日本出版社の版による）。

聽濤氏は、ここでの「『最小の力の支出』とは労働時間の短縮と自然の力の最小化を意味している。生産性の用語自体のもつ意味は変わらないが資本制のもとでのそれとは違い、生産性は大きな意味をもって表わされている」（二七頁）と述べている。

これに対して友寄氏は、「社会主義革命の重要な課題の一つ」は、「資本の生産力」を「本来の『労働の生産力』に取り戻すことである」（三八‐三九頁）と言う。そして「『資本の生産力』のもとでは、社会的生産力の支配、管理、制御などのすべての権利を資本家が握っているわけですが、生産手段の社会化によって、資本家は、生産力を支配する権利を根本的に失います。言い換えれば、『資本の生産力』の根本条件が変化します」（三九頁）と述べている。

また、「『資本の生産力』と『労働の生産力』との内容的な違いは、それを利用する目的が根本的に異なるということです。『資本の生産力』は基本的に、『利潤追求』という根本な目的にそって利用されます。儲かれば何でもする。自

然破壊、環境破壊、後は野となれ山となれ、これが『資本の生産力』の根本性格です」（三九-四〇頁）。それに対して、『労働の生産力』の本来の目的は、利潤追求ではありません。いかに人類の生活や社会を豊かにするか、それが目的です」（四〇頁）とされる。

なお、友寄氏は、「最小の力の支出」についての聽濤氏の解釈に反対して、それは、「労働力（労働時間、労働強度）のことであって『自然の力』は入らない」（九五頁）と述べている。さらに友寄氏は、「私は、『自由な諸個人のアソシエーション』を真に実現するためには、現在の資本主義が達成した生産力の水準では困難だろうと考えています。その場合、物質的な財貨の生産の生産力という意味ではなく、社会経済管理のシステムとして、現在のコンピュータの能力ではとうてい無理だろうと考えるからです」（三五頁）とも述べている。

では、この論争をどのように理解するべきであろうか。

（2）未来社会の生産力をどのようにとらえるか

すでに「生産力」と「生産性」の概念を検討したように、私は「生産力」の概念を「生産性」の概念に変えるだけでは、未来社会における労働や生産は論じられないと思う。

また友寄氏が主張するように、「労働の生産力」が資本主義のもとでは「資本の生産力」となるのは、そのとおりであるが、しかし未来社会では「本来の『労働の生産力』」が取り戻されるという意味がよくわからない。先に見たように、マルクスの言う「労働の生産力」とは、どの社会にも通用する一般的概念である。それが資本に支配されることによって「資本の生産力」となるのである。そこで、「資本の生産力」を変革した未来社会における「労働の生産力」とはどのようなものであるかを論じなければならないと思う。

友寄氏が「本来の」という言葉を使用しているのは、友寄氏も未来社会を「本史」と表現しているように、「本史」という、マルクスにはない日本での（河上肇『マルクス経済学の基礎理論』一九二九年、以来の）特有の概念に影響された表現ではないかと思う。

未来社会における「生産力」の手掛かりとなるのは、聽濤氏が重視する「必然性の国」と「自由の国」における、「必然性の国」での「自由」（III. S.828）の議論である。

ここでは、「社会化された人間」つまり「協同化された生産者たち（assoziierte Produzenten）」が「人間と自然との物質代謝」を「合理的に規制」し、自分たちの「共同の制御（gemeinschaftliche Kontrolle）」のもとにおくこと、つまり、「最小の力の支出」によって、「みずからの人間性」にもっともふさわしい、もっとも適合した諸条件のもとで、この「物質代謝」を行うことであるとされる。ここでの「最小の力の支出」には、聽濤氏が言うように、労働力も自然力も含ませる必要があると思う。それは、「生産性」（労働力の支出と成果との量的比率）の問題だけでなく、生産力の質の問題でもある。その点で、友寄氏の挙げている原発や火力発電から自然エネルギーへの転換だけでなく、省エネ技術なども当てはまるであろう。さらに、友寄氏が重視する情報通信技術やＡＩだけでなく、鉄やプラスティックに代わる環境保全型の素材の開発、すでに八〇億人を超えた地球人口を養う食糧生産、さらに地球環境にいっそう適合した技術など、「生産力」のいっそうの発展が必要である。

それらは、「人間と自然の物質代謝を合理的に規制し、共同で制御する社会的能力」としての「生産力」の発展である。ここには、生産・流通・消費・廃棄のすべてについての「合理的な規制と共同の制御」が含まれる。ここでつくられる「生産力」は新しい「労働の生産力」であって、それを友寄氏の言うように「本来の『労働の生産力』」という表現では分かりにくい。むしろ「協同化された生産者」による「協同的労働の生産力」と言うべきであろう。

聽濤氏は、友寄氏との論争の最後で、「論争は人間を活性化させます」（一三八頁）と述べている。その通りであると思う。私自身も聽濤氏の『論争』から大きな刺激を受け、以上のような私見を述べさせていただいた。論争がいっそう発展することを期待したい。

（まきの　ひろよし・阪南大学名誉教授・哲学）

編集後記

本号は、二〇二二年夏から秋の関西唯物論研究会の活動の成果を中心に編集しています。オンライン研究会のメリットを生かして、鹿児島や東京などからも参加していただいています。

特集では、マルクス経済学の新しい研究成果が論じられています。

石川論文は、『資本論』の中のジェンダー論です。その際、観念論的なジェンダーの規定やフェミニズムからのマルクス批判への応答も行われています。

朝日論文は、資本・賃労働関係について、両者の相互前提関係と相互排除関係との矛盾という視点を明確にして、日本とドイツの比較研究を行っています。

西原論文は、グローバライゼーションの中でのコロナ・パンデミックを恐慌ととらえ、ＳＤＧｓの評価や最近のウクライナ戦争の問題を論じています。

個別論文も多彩な分野のものを掲載しています。

芦田論文は、氏の著作についての本誌前号の三つの書評論文に対するリプライです。提起された問題の全体にわたって議論が深められています。

田井論文は、現在盛んに議論されている実在論について、多様な内容を整理し、幅広い論点を紹介しています。これは現代唯物論にも大きな刺激を与えます。

中村論文は、従来ほとんど論じられなかった、シェリングの社会哲学がテーマです。初期の論考を中心にしながら、主著への発展も展望する研究です。

吉田研究ノートは、前号の牧野論文が芦田氏の著作を書評する中で、吉田氏のマルクス市民社会論を批判したことに対して反論しています。市民社会をめぐる議論が発展することを期待したいと思います。

向井氏のエッセイは、中国新疆ウイグル自治区の人権問題について、中国についての資料を豊富に紹介して、アメリカなどの議論を批判しています。

牧野読書ノートは、マルクスの生産力の概念をめぐって、聴濤弘氏と友寄英隆氏との論争をまとめた聴濤氏の著作を取り上げています。

本号は各論文とも論争的な内容を多く含んでいます。読者の皆さんのご検討をお願いしたいと思います。

（Ｍａｋ）

唯物論と現代　第六七号
マルクス経済学の新展開
二〇二三年五月三〇日発行
編　集　関西唯物論研究会
発行人　伊勢俊彦
発行所　図書出版　文理閣
〒600―8146
京都市下京区七条河原町西南角
電　話　075(351)7553
ＦＡＸ　075(351)7560
ISBN 978-4-89259-940-8

『唯物論と現代』投稿規定

(1) 関西唯物論研究会の会員は、『唯物論と現代』に次に掲げる原稿を投稿することができる。
 1. 論文(注および図表も含めて、16,000字以内)
 2. 研究ノート(注および図表も含めて、12,000字以内)
 3. 評論・エッセイ(8,000字以内)
 4. 『唯物論と現代』掲載論文に対する意見(800字以内)
 5. 会の活動に関する提案(800字以内)

(2) 投稿原稿は、未発表のものに限る。

(3) 投稿にあたっては、ワードまたはPDFファイルを編集委員会宛に電子メールで送付する。執筆者の氏名、住所、所属、メールアドレス、電話番号を明記する。

(4) 投稿原稿は、編集委員会で審査する。不採用の場合、編集委員会は原稿を消去する。

投稿先 関西唯物論研究会編集委員会
電子メールアドレス:tit03611@lt.ritsumei.ac.jp

(2019年3月16日改正)

『唯物論と現代』執筆要領

1. 原稿はワードまたはPDFファイルとする。
2. 原稿冒頭に表題、執筆者名を明記し、原稿の最後に括弧書きで、執筆者名のひらがな、所属、専門を記入する。
3. 印刷は縦書きであるが、原稿は縦書きでも横書きでもよい。
4. 注は番号を付けて、原稿の末尾にまとめる。
5. 引用文献・参考文献は、著者名、論文・雑誌名または著書名、発行所、発行年(雑誌は年月)、を明記する。
6. 校正は著者校正を2回行う。

(2019年3月16日制定)